JN441067

COMPOSICIÓN DE ESPAÑOL

¡스페인어 쓰자! 중급작문

| 한국외국어대학교 스페인어과 |

HUiNE

머리말

스페인어를 사용하는 세계인이 5억여 명에 달하고, 세계 인터넷 접속 언어 순위에서도 스페인어가 제2 위를 차지하고 있다. 미국에서 스페인어가 차지하는 위상은 우리의 예상을 크게 뛰어넘는다. 2050년이 되면 미국 내 스페인어 사용자가 전체 인구의 30%를 차지할 것이라는 전망이 속출하고 있다.

이처럼 스페인어의 중요성이 갈수록 증대하는 가운데, 한국과 스페인·중남미의 교류 또한 다양해지면서 스페인어를 체계적이고 효율적으로 가르치고 배울 필요성이 그 어느 때보다 시급하게 대두되고 있다.

이번에 새롭게 출간되는 이 책은 한국 스페인어 교육을 선도해 온 한국외국어대학교 스페인어과의 전문 교수진이 기존의 스페인어 교육 방법론에 새롭고 유익한 정보들을 다양한 방식으로 적용해 꾸며냈다. 현대 사회에서 가장 중요하다고 생각되는 주제 20개를 선정한 다음 한 주제를 한 단원에 배치함으로써 학습자가 주제에 부합하는 특정 상황에서 빈번하게 사용될 수 있는 유용한 표현을 반복해서, 집중적으로 연습할 수 있도록 구성한 것이다.

이 책은 중급 정도의 실력을 갖춘 학습자가 '스페인어 쓰기' 능력을 키울 수 있도록 구성되어 있지만, 문법, 읽기, 말하기 학습과도 자연스럽게 연계되도록 배려했는데, 구체적인 특징은 다음과 같다.

첫째, 쓰기를 잘하기 위해서는 학습자가 다양한 어휘를 상황에 맞게 활용하는 것이 무엇보다 중요하다는 인식 하에 각 과의 첫 부분에는 과의 주제와 관련된 '필수어휘'를 실었다. 학생들이 지닌 다양한 관심과 실력을 고려하고, 또 나중에 참고자료로 활용할 수 있도록 비교적 많은 단어, 숙어를 수록함으로써 전문 어휘사전 같은 기능도 갖도록 배려했다.

둘째, 학습자가 좋은 원어 문장을 많이 접하고 활용하는 것 또한 아주 중요하기 때문에 '응용표현'에는 과의 주제와 관련된 유익한 정보를 듬뿍 담고 있을 뿐만 아니라 다양한 표현과 문법이 복합적으로 내재되어 있는 고품격 스페인어 문장을 실었다. 학습자는 이들 문장을 통해 관련 정보에 대한 이해력과 쓰기 능력을 동시에 향상시킬 수 있게 될 것이다.

셋째, '문형 연습'에서는 학습자가 일상생활에 널리 사용되는 기본 문형을 습득한 뒤, 이를 다양한 표현에 반복적으로 적용하도록 함으로써, 문장 쓰기 능력을 자연스럽게 함양할 수 있도록 했다.

넷째, '연습문제'에서는 각과의 주제와 관련된 복합적인 상황을 스페인어로 옮기도록 구성했다. 이런 연습을 통해 학습자는 비교적 긴 문장을 논리적으로, 정확하게 기술할 수 있게 될 것이다.

다만, '문형연습'과 '연습문제'의 경우, 학습자의 자발적인 참여를 유도함으로써 글쓰기 능력을 향상시키기 위해 정답을 제시하지 않았다. 물론 학습자가 대학생일 경우에는 강의실에서 담당 교수의 지도 하에 문제의 답을 자연스럽게, 효율적으로 도출해 내게 될 것이다.

이 책이 지닌 장점이라면 '필수어휘', '응용표현', '문형연습', '연습문제'가 서로 유기적으로 연계되도록 편집되었다는 것이다. 한국의 대학에서 공부하는 학생뿐만 아니라 스페인어에 관심을 갖고 있는 일반인, 한국과 스페인·중남미의 심도 있는 교류를 모색하는 전문가가 이 책을 통해 스페인어를 재미있고 효율적으로 배우고 정확하게 표현함으로써 꿈과 이상을 실현하기 바란다.

2012년 3월

저자 일동

목차

La educación 1과

제 1 과 La educación

필수어휘

La enseñanza

el jardín de infancia	유아 놀이방, 유치원
la escuela primaria	초등학교
la escuela secundaria	중학교
el bachillerato, la preparatoria	고등학교
el instituto	학원, 학교, 연구소
el salón de clases, el aula	교실, 강의실
la universidad del Estado (privada)	국립대학 (사립대학)
la solicitud	원서 청구, 신청
el departamento	과
la facultad	학부, 단과대학
la cátedra	교단, 교수직
el (la) director(a)	(대학) 학과장
el (la) decano(a)	학장
el (la) rector(a)	총장
la inscripción, la matrícula	등록
los derechos de matrícula	등록금
el (la) profesor(a), el (la) maestro(a)	선생님, 교수
el currículo	교육·이수 과정
el curso obligatorio (electivo, selectivo u optativo)	필수 (선택) 과정
el examen escrito (oral, final, de mediados de curso)	필기 (구두, 기말, 중간) 시험

los apuntes	노트필기 한 것
la asignatura, la materia	학과목
la beca	장학금
el (la) becario(a), el (la) becado(a)	장학생
la carrera	학사 과정
el curso	과정, 코스
el semestre	한 학기
las calificaciones	학점, 성적 평가
la nota	평점, 성적
el título	학위
la licenciatura	학사 학위
el licenciado	학사
la maestría	석사 학위
el máster	석사
el Título de Doctorado	박사 학위
el doctor	박사
el doctor honoris causa	명예박사
el curso de doctorado	박사 과정
la tesis doctoral	박사 논문

Sistema educativo

la política educativa	교육정책
la educación preescolar	취학전교육
la educación primaria	초등교육
la educación secundaria	중등교육
la educación superior	고등교육
el bachillerato nocturno	야간 고등학교
el bachillerato científico	과학 고등학교

la formación permanente y continua	평생교육
la ley de educación	교육법
el centro de educación público	공공교육기관
la educación emocional	감성교육
la educación infantil	유아교육
el centro docente	교육기관
la educación pública	공공교육
la educación obligatoria	의무교육
la educación por internet	인터넷 교육

Las asignaturas

la lengua española	스페인어
la matemática	수학
los estudios sociales	사회
las ciencias	과학
la historia	역사
la lengua extranjera	외국어
la literatura	문학
las humanidades	인문학
la educación física	체육
la música	음악
las bellas artes	미술
las ciencias sociales	사회과학
las ciencias naturales	자연과학
la economía y la administración	경제와 경영

Las licenciaturas

Licenciatura en Derecho	법학
Enfermería	간호학
Periodismo	저널리즘
Filosofía y Letras	철문학
Kinesiología	운동 과학 (운동 위생학)
Medicina	의학
Obstetricia (y Ginecología)	산부인과
Tecnología Multimedia	멀티미디어 기술
Ciencias Económicas	경제학
Administración de Empresas	기업경영
Artes Visuales	시각예술
Ciencias de la Computación	컴퓨터학
Tecnologías de Información	정보통신
Ciencias Físicas	물리학
Ciencias Matemáticas	수학
Ciencias Políticas	정치학
Comercio Internacional	국제통상학
Comunicación Social	소셜커뮤니케이션학

Filología Hispánica	
	스페인어학 (Spanish Studies)
Psicología	심리학
Relaciones del Trabajo	
	노동관계
Relaciones Internacionales	
	국제관계
Sociología	사회학
Traducción e Interpretación	
	번역과 통역
Urbanismo	도시계획

Las maestrías

Maestría en	Ingeniería	공학 석사
	Humanidades	인문학 석사
	Ciencia	이학 석사
	Administración de Empresas (Negocios)	
		경영학 석사 (MBA)

Los doctorados

Doctorado en	Ciencias Químicas	화학 박사
	Artes y Humanidades	
		예술과 인문학 박사
	Filosofía	철학 박사

Otras expresiones

educar	교육하다
aprobar	(과목을) 이수하다
suspender	낙제시키다
sacar, recibir (buenas, malas) notas	(높은, 낮은) 학점을 취득하다
ingresar(entrar) en (a)	입학하다
matricularse	등록하다
graduarse de	졸업하다
licenciarse en	학사학위를 받다
el derecho a la educación	교육의 권리
el absentismo escolar	결석
el abandono escolar	학교 중퇴
la alfabetización	글을 읽고 쓸 줄 아는 능력 교육
el analfabetismo	문맹

응용표현

1 La educación primaria debe ser obligatoria y gratuita para cualquier niño sin importar su nacionalidad, sexo, lugar de nacimiento o cualquier otro tipo de discriminación.

2 El licenciado es quien se hace acreedor de una licencia. La licenciatura es el título intermedio o final, que se obtiene al terminar una carrera universitaria compuesta de dos ciclos (entre 4 y 6 años).

3 Se llama estudios de posgrado o postgrado a los estudios de especialización posteriores al título de grado, es decir, que es un nivel educativo que forma parte del tipo superior o del tercer ciclo.

4 Una maestría (también llamada máster o magíster) es un grado académico de posgrado. Un máster oficial de posgrado se consigue al completar un programa de dos años o más según la universidad y el sistema educativo nacional.

5 El doctorado es el grado académico universitario de nivel más alto. Tradicionalmente, la concesión de un doctorado implica el reconocimiento de un candidato como igual por parte de la facultad de la universidad en la cual ha estudiado. Quien ejerce este grado es llamado doctor.

6 Necesitamos jóvenes educados en el espíritu emprendedor, innovadores, creativos, con competencia digital, expertos en resolver problemas y acostumbrados a actuar en situaciones cambiantes. Desgraciadamente no es eso lo que produce nuestro actual sistema educativo.

7 La Ministra de Educación y Ciencia de España precisó hoy que ningún alumno de primero de Bachillerato que suspenda más de dos asignaturas podrá pasar a segundo, si bien tendrá la opción de repetir el curso entero o sólo aquellas asignaturas que haya suspendido.

8 En cada curso los estudiantes tienen que hacer exámenes, que pueden ser parciales (de mediados o finales de curso) o globales. Al final del curso el estudiante recibe una nota.

9 Un enfoque genético para la educación sugiere una visión activa del aprendizaje en la que los niños seleccionan, modifican y crean su propia educación, en parte sobre la base de su propensión genética. En el salón de clases los genes cuentan tanto como el ambiente escolar.

10 A través de anteojos 3D, los niños pueden observar el funcionamiento del sistema respiratorio. No estamos muy lejos de una etapa en la que los niños podrán tomar y manipular directamente con sus manos imágenes en 3D. Esto podría combinarse con la educación por internet.

문형연습

1. ~와 상관없이

sin importar ~

1) 모든 인간은 국적, 성별, 사회적 신분과 상관없이 교육을 받을 권리가 있다.

2) 교사들은 학생들의 학습능력과 상관없이 모든 학생을 사랑해야 한다.

3) 국가는 경제적인 능력과 상관없이 모든 국민이 교육을 받도록 지원해야 한다.

2. ~를 해결하다

acabar con ~

1) 정부는 다양한 조치를 취하면서 학생들의 조기 자퇴를 해결하려고 한다.

2) 너는 교육이 실업을 해결할 수 있다고 믿니?

3) 학교폭력을 근절하기 위해서 교사들과 학생들이 함께 노력해야 한다.

3. ~를 약속하다

comprometer(se) a ~

1) 정부는 교육의 질을 높이기 위해 교육 예산을 늘리겠다고 약속했다.

2) 교육부 장관은 훈련, 교육과 보건 분야에 투자를 지속하기로 약속했다.

3) 올해 대부분의 대학들은 등록금을 인상하지 않기로 약속했다.

4. 시험을 보다 / 시험에 통과하다

hacer el examen / pasar el examen

1) 대학생들은 한 학기에 대개 두 번의 시험을 치른다.

2) 다음 주에 중간고사를 치르기 위해 나는 열심히 공부한다.

3) 그녀는 2학년에 올라가기 위해 학기말 시험을 통과해야 한다.

5. 학사학위를 받다

ser licenciado

1) 그는 법학 학사학위를 받았다.

2) 그녀는 의학 학사학위를 받고 종합병원에서 일하고 있다.

3) 그는 저널리즘 학사학위를 받고 신문기자로 일하고 있다.

연습문제

1. 한국에서 중학교교육은 의무교육이다. 삼 년 과정이고, 육 년 과정인 초등교육의 바로 위 단계다.
   el nivel inmediato superior a

2. 비관주의가 세계 곳곳에 팽배하다. 실업이 가장 주요한 문제이고 경제, 정치, 교육과 이주가 그 뒤를 따른다.
   el pesimismo, la migración

3. 우리의 경제는 개혁을 필요로 하지만, 우리의 교육은 20세기에서 21세기로 넘어가는 과정에서 진정한 혁명을 필요로 한다.
   la reforma

4. 대학생들은 등록금을 내기 위한 돈이 없을 때 장학금을 신청할 수 있다. 대학은 다양한 종류의 장학금을 준비해서 그런 학생들에게 혜택을 주고 있다.
   solicitar una beca

5. 대학에 들어가기 위해 지원서를 작성해서 입학 허가를 신청하는 것은 하나의 상식이다.
   la solicitud, la admisión

6. 한 아이를 교육하기 위해 어떠한 교육이 효과적인지를 평가할 때 교사, 커리큘럼과 학교 분위기의 질이 기본적인 요소라고 생각한다.
   el plan de estudios, el ambiente escolar

7. 대학교는 단과대학으로 나뉘어져 있다. 나는 지금 철문학 대학에서 스페인어문학을 배우고 있다. 매 학기마다 중간시험과 기말시험을 치르고 학기말에 학점을 받는다.
   la facultad, Facultad de Filosofía y Literatura

8. 나는 지금 대학교 2학년 학생으로, 모두 6과목을 수강하고 있다. 스페인어회화, 문법, 강독, 쓰기, 중남미문화사와 중남미경제이다.

la Lectura del español, Historia cultural de Latinoamérica

9. 최근 수년 동안 국가는 젊은이들에게 교육의 기회를 확대했지만 아직도 할 일이 많이 남아 있다.

la oportunidad de educación, ampliar

10. 자격 있는 교사의 부족, 시설과 자료의 열악함과 과다한 학생 수는 공공교육이 풀어야할 과제들이다.

la falta de profesores cualificados, la precariedad de las instalaciones y el material, la masificación de alumnos

La cultura popular 2과

제 2 과 La cultura popular

필수어휘

El cine

el largometraje	장편영화
el cortometraje	단편영화
la producción cinematográfica	영화제작(사)
la animación	애니메이션 영화
la película	영화 (필름)
el film, el filme	영화, 필름
la filmadora	촬영기
el (la) filmador(a)	촬영 기사
la filmografía	영화, 영화 기술
el rodaje	영화 촬영
rodar una película	영화를 촬영하다
el cinema	영화(관)
el multicinema	복합 영화관
el minicine	소규모 영화관
el cineclub	상영관
la cinematografía	영화 (촬영 · 영사)
la proyección	영사
la casa productora	영사실
la cámara cinematográfica	영화 촬영용 카메라
el estudio cinematográfico	영화 스튜디오
el mundo del cine	영화계
la cineactriz	여배우
el (la) cineasta	영화 관계자

el (la) cineísta, el (la) cinéfilo(a)	영화팬
el cinedrama	극영화
el (la) cinematurgo(a)	영화 시나리오 작가
el cinefórum	영화 클럽·연구회
la película musical	뮤지컬 영화
la película policíaca, la película detectivesca	탐정 영화
la película lacrimosa	최루성 멜로영화
los géneros de cine	영화 장르
comedia, acción, drama, suspense, terror, blockbuster, aventura, fantasía, documentario	코미디, 액션, 멜로, 서스펜스, 공포, 블록버스터, 어드벤처, 판타지, 다큐멘터리
el cinemascope	시네마스코프 영화
el cinestéreo, la película estereoscópica	입체 영화
la película muda (sonora)	무성 (유성) 영화
en blanco y negro	흑백 (영화)
en color, a colores	컬러 (영화)
la música de fondo	배경 음악
el sonido	음향
la banda de sonido, la banda sonora	사운드 트랙
el doblaje	더빙
el astro, la estrella	스타, 인기배우
el (la) protagonista	주인공
el (la) segundo(a), el (la) ayudante	조연
el (la) director(a)	영화감독
el (la) productor(a)	제작자
la pantalla	스크린, 영사막

el título	영화 제목
el subtítulo	소제목, 설명 자막
el tema	주제
el argumento	줄거리
la trama argumental	줄거리, 플롯 구성
el guión	시나리오
el (la) guionista	시나리오 작가
el montaje	편집
el (la) montador(a)	편집자
la grabación	녹음
la grabación sincrónica	동시녹음
el decorado	장식, 꾸밈
la vestimenta	의상
el maquillaje	분장
el reparto	배급, 보급
la función	상영, 공연
el (la) espectador(a)	관객
la entrada, el boleto	입장권
la taquilla, la boletería	매표소
el descanso, el intermedio	중간 휴식
la sesión continua	연속 상영
el revendedor	암표상인
el video, el vídeo	비디오
el videocasete	비디오 카세트
el disco compacto, el CD	컴팩트 디스크
el CD en blanco	공 시디
el cederrón, el CD-Rom	시디 롬
el DVD	디브이디

El drama

el teledrama, el drama de televisión	TV 드라마
la telenovela	텔레노벨라 (TV 연속극)
la telecomedia	희극성이 짙은 드라마
la serie de tele(visión)	TV 시리즈(물)
la miniserie	미니 시리즈
el drama de un acto	단막극
el telefilm, el telefilme	TV 영화
el actor de tele(visión)	텔레비전 연기자

El teatro

el teatro	연극 전용 극장
la representación	공연
la obra de teatro	공연 작품
el (la) dramaturgo(a)	극작가
el actor, la actriz	배우
el papel	배역
el personaje	등장인물
el payaso, el gracioso, el bufón	어릿광대
el acto	막, 장
el entreacto	막간(幕間)
la comedia	희극
la tragedia	비극
la tragicomedia	희비극
el entremés	막간극
la comedia musical	뮤지컬 코미디
el espectáculo musical	뮤지컬 쇼

La música

el (la) músico(a)	음악가, 뮤지션
el (la) artista de pop	팝 아티스트
el (la) musicógrafo(a)	음악 비평가
la musicología	음악 연구, 음악 이론
el (la) musicómano(a)	음악광
el music-hall	뮤직홀
la música de jazz	재즈 음악
el yaz	재즈, 재즈 악단
el pop, la música pop	팝 음악
el K-pop	한국의 대중음악
la canción popular	대중가요
la música clásica	클래식 음악
el jazz latino	라틴 재즈
el cante flamenco	플라멩꼬 노래
el rock, la música rock	록 음악
el folk	포크 음악
el disco	디스코 음악
el tecno, el tecno-pop	테크노 팝
la música heavy	헤비메탈
el recital	리사이틀
el concierto	연주회
el macroconcierto	대규모 연주회
el (la) cantante de pop	대중가수
el (la) cantaor(a)	플라멩꼬 가수
el (la) vocalista	악단의 보컬
la banda	악단, 밴드
el mariachi	마리아치 (메히꼬)
el grupo de ídolos	아이돌 그룹

la orquesta sinfónica	교향악단
el instrumento musical	악기
el (la) compositor(a)	작곡가
el (la) instrumentista	연주자
el sintetizador	신디사이저
el disco	디스크, 음반
el tocadiscos	디스크 플레이어
el radiocasete	라디오 카세트

El baile

el baile	춤, 무도회
la danza folklórica	민속춤
el (la) bailador(a)	무용수
el bailarín, la bailarina	무용수
el danzante, la danzanta	춤추는 이
el danzarín, la danzarina	춤추는 이
el flamenco	플라멩꼬
el (la) bailaor(a)	플라멩꼬 무용수
el tablao	플라멩꼬 공연장
la pandereta	탬버린
la castañuela	캐스터네츠
las palmadas	손뼉 치기
el taconeo	발 구르기
la jota	호따 (아라곤 지방)
la sevillana	세비야나
el fandango	판당고 (안달루시아 지방)
el bolero	볼레로
el pasodoble	행진곡 풍의 무곡 (남서부 유럽)

el tango	땅고 (아르헨띠나)
la samba	삼바 (브라질)
la bossa nova	보싸노바 (브라질)
el danzón	단손 (꾸바)
la rumba	룸바 (꾸바)
el mambo	맘보 (꾸바)
el chachachá	차차차 (꾸바)
el merengue	메렝게 (까리베 지역)
la salsa	살사 (까리베 지역)
la cumbia	꿈비아 (꼴롬비아, 빠나마)
el calipso	칼립소 (트리니다드 이 토바고)

Otras expresiones

el espectáculo	쇼, 오락물
el premio	상
el concurso	콩쿠르, 경연대회
el festival	예술제 (영화제, 음악제)
el fan, los fan(e)s, el seguidor, el admirador, el aficionado	팬
el club de fans	팬클럽
hacer cola, ponerse a la cola	줄을 서다
agotarse	매진되다
dar dos películas	동시상영하다

응용표현

1 Apareció el cine sonoro gracias al invento de la banda de sonido que permitió grabar la música y las palabras de los actores. Además, la introducción de la grabación sincrónica causó un gran avance a la filmografía.

2 Un teatro es un local donde se representan obras de teatro. Un cine es un local donde se proyectan películas. Cuando una película u obra teatral es muy larga, se puede dividir en varias partes, y entre ellas hay descansos o intermedios.

3 En general, no podemos ver con frecuencia una telenovela de mucha acción. Hubo una telenovela en donde las escenas fueron muy lentas, y con muchas escenas no interesantes que servían de alargarla. Desde la muerte de un personaje hasta el funeral por él duraron dos semanas, una pelea duró en tres días, etc.

4 Según la historia del filme, las primeras películas eran mudas y en blanco y negro, y la música de fondo era proporcionada por un pianista que tocaba el piano en la misma sala donde se proyectaba la película.

5 Lo que hace falta para el cine es el trabajo cooperativo en varias secciones. El montaje o doblaje es un arte muy difícil, que exige gran habilidad y una técnica muy refinada. En los estudios cinematográficos se construyen grandes decorados que reproducen desde un circo romano hasta una selva tropical.

6 Los astros y las estrellas de la pantalla se convirtieron en seres legendarios, conocidos en todo el mundo. El caso de un actor estadounidense, James Dean, el cual actuó de protagonista en el cinedrama titulado "Al este del Edén", es un buen ejemplo.

7 Si un espectáculo tiene un gran éxito, se agotan las entradas. A veces es posible comprárselas a los revendedores. Algunos cines funcionan todo el día sin interrupción: son cines de sesión continua.

8 Existen numerosos géneros musicales de origen cubano. A partir de la crisis económica que sufre Cuba desde el derrumbe del mundo comunista, los cubanos se han esforzado por la recuperación y difusión de su música popular para la exportación, como una vía para obtener moneda convertible.

9 La palabra "comparsa" significa grupo de personas que, vestidas de la misma manera, participan en carnaval o en otras fiestas. Dentro de poco se celebrará un festival folklórico de flamenco en esta ciudad. La comparsa actuará el viernes 23 en el concurso del tablao de San José.

10 A mi parecer, el porcentaje de la población de Perú que siente atracción por las telenovelas y películas coreanas es más del 50%. La mayor parte de los peruanos han tomado contacto con ellas a través de la televisión y vídeo.

문형연습

1. 자동사 '떨어지다'

caer(se) + 전치사 / se + 간접 목적대명사 + caer 3인칭

1) 열성팬 10여 명이 공연장의 무대로 오르려다 계단에서 떨어졌다.

2) TV 사극 촬영 중 한 연기자가 말에서 떨어져 다리에 중상을 입었다.

3) 너는 오른 손에 악기를 들고 있으면 커피 잔을 바닥에 떨어뜨릴 수 있다.

2. 옳다 / 그르다 / 인정하다

tener razón / no tener razón / darle la razón (a alguien)

1) 그 영화감독이 옳다고 생각할 때, 그의 견해를 바꾸게 하는 것은 어렵다.

2) 네 친구 산초의 말이 맞아. 이 음반은 아주 형편없다고 생각해.

3) 그녀의 말은 옳지 않다. 루이사는 팝송보다 클래식 음악을 더 좋아한다.

3. 실수하다, 혼동하다

estar equivocado, equivocarse / equivocarse de + nombre / confundirse de + nombre

1) 내가 실수했네. 배경 음악은 헨델의 한 교향곡에서 확실하게 영감을 얻었지.

2) 나는 매표소 창구를 혼동한 탓에 본의 아니게 다른 입장권을 구매했다.

3) 미겔은 모호한 어구들을 사용하지만 그의 음악은 분명한 메시지를 준다.

4. 잘못된

injusto / no deber

1) 기획사 사장이 아이돌 그룹을 해체한 것은 불공정한 행위였다.

2) 유명가수 K에 대한 그의 비평은 전혀 공평하지 않다.

3) 그는 우리가 해서는 안 될 일을 항상 한다고 우리를 비난했다.

5. 실현하다 / 완수하다 / 실행하다

realizar / llevar a cabo / poner(se) en práctica

1) 뻬뻬는 위대한 뮤지션이 되고자 하는 자신의 꿈을 실현시켰다.

2) 훌륭한 발레리나가 되려면 적어도 15년은 피나는 노력을 해야만 된다.

3) 그녀의 귀국 콘서트를 위한 작업이 순조롭게 진행될 것이다.

연습문제

1. 나는 어렸을 때 종종 아버지의 손에 이끌려 흑백 무성영화를 보았다. 그 당시 그것은 나에게 커다란 기쁨이자 자랑거리였다.

   las películas mudas en blanco y negro

2. 연극계의 상황은 여전히 열악하고 배우들의 수입도 얼마 되지 않는다. 진정한 연극배우가 되기 위해서는 소명의식을 갖고 공연에 임해야 한다는 그의 의견이 옳다고 생각한다.

   la orden real, presentarse en la representación

3. 우리는 그녀를 해고하지 말았어야 했다. 현재 내가 몸담고 있는 연예기획사가 해고했던 그녀는 지금 최고의 인기스타가 되어 있다.

   despedir (rechazar), estrella suprema

4. 며칠 전 한국어로 더빙되어 있는 메히꼬영화 한 편을 감상했는데 정말 훌륭한 작품이었다. 나는 곧바로 그 영화의 배경음악이 수록된 디스크를 샀다.

   la película doblada en coreano, un disco con la música de fondo

5. 요즈음 대학로의 한 극장에서 로르까 원작 <피의 결혼>이 공연되고 있다. 내 생각으로는, 마지막 공연의 표를 사려면 줄을 선 채 최소한 30분은 기다려야 한다.

"Bodas de sangre", ponerse a la cola (hacer cola)

6. 마누엘은 꼴롬비아인으로, 5명의 형제가 있다. 어제 밤 그 곳의 대중음악 분야에서 저명한 뮤지션으로 활동 중인 그의 한 형제가 일본을 거쳐 한국에 도착했다.

actuar de músico, pasar por

7. 영화가 출현했을 때 많은 비평가들은 연극이 사라질 것이라고 말했지만 사실은 그렇지 않았다. 마찬가지로 텔레비전이 등장했지만 영화산업은 계속 번창하고 있다.

la verdad es que no, de la misma manera, no cesar de + inf.

8. 제작자들은 깐느 혹은 베를린 국제영화제에 자신들의 작품을 출품해 수상의 영예와 함께 영화의 상업적 성공을 모색한다.

los Festivales Cinematográficos Internacionales, como el de Cannes o Berlín

9. 한류(韓流)는 한국 대중문화의 우수성을 전 세계에 확산시켜 우리나라에 대한 인지도와 호감을 높여 주었다.

Hallyu (onda coreana), difundir, reconocimiento

10. 중남미 거의 전역에 한국의 대중스타를 동경하는 수많은 팬클럽이 결성되어 있다. 그 중에서도 장동건과 안재욱의 팬클럽은 10년째 열정적인 활동을 펼치며 국제적 규모로 성장했다.

los club(e)s de fans, a escala internacional

La familia 3과

제 3 과 La familia

필수어휘

Los miembros de la familia

el (la) viudo(a)	홀아비 (과부)
el (la) cónyuge	배우자
el padrastro	새아버지
la madrastra	새어머니
el (la) hermanastro(a)	배다른 형제 (자매)
el (la) soltero(a)	미혼남성 (미혼여성)
el (la) casado(a)	기혼남성 (기혼여성)
los esposos	부부
el jefe de la familia	가장
la pareja	커플
la madre soltera	미혼모
la madre de alquiler	대리모
el (la) suegro(a)	시아버지 (시어머니), 장인 (장모)
el yerno	사위
la nuera	며느리
el (la) cuñado(a)	시아주버니, 시동생, 처남, 매형, 형부 (올케, 시누이, 형수, 처제)
el padrino	대부
la madrina	대모
el (la) ahijado(a)	대자 (대녀)
el (la) abuelo(a)	할아버지 (할머니)
el (la) bisabuelo(a)	증조할아버지 (할머니)
el (la) tatarabuelo(a)	고조할아버지 (할머니)
el (la) nieto(a)	손자 (손녀)

el (la) biznieto(a)	증손자 (증손녀)
el (la) primo(a)	사촌
el (la) sobrino(a)	조카

Los tipos de familia

la familia nuclear	핵가족
la familia extensa (grande)	대가족
la familia monoparental	편부모가정
la familia homoparental	동성부모가정
el matrimonio heterosexual	이성 부부
el matrimonio homosexual	동성 부부

El matrimonio

la monogamia	일부일처
la poligamia	일부다처
el matrimonio civil	결혼 (법률적)
el matrimonio religioso	결혼 (종교적)
los deberes	의무
el divorcio	이혼
la separación matrimonial	별거
el estado civil	혼인 상태
la reproducción asistida	(체외수정 등) 의학적 도움을 받은 생식
la fecundación artificial	인공수정
la fecundación in vitro	체외수정
la esterilidad, la infertilidad	불임
el embarazo	임신
el aborto	낙태
el registro civil	호적

Otras expresiones

la discriminación	차별
la adopción	입양
la patriarca	가부장제
las nupcias, la boda	결혼
la herencia	유산
el sistema de parentesco	친족제도
la esperanza de vida	기대수명
la potestad	법적권한
la patria potestad	친권
el rol de género	성의 역할
el parentesco	친족, 부권, 부자관계
la estructura social	사회구조
el linaje	혈통
el feminismo	페미니즘
los grupos minoritarios	소수자 그룹
el antropólogo	인류학자
la filiación	친자관계
el incesto	근친상간
la sociedad patriarcal	가부장적 사회
la paternidad	부성
el mercado laboral	노동시장
el sistema social	사회제도
la generación	세대
los progenitores	부모
el pariente, la parienta	친척
la procreación	출산
el noviazgo	연애
las minorías sexuales	성적 소수자
la consanguinidad	혈족 관계
el aniversario de boda	결혼기념일
la luna de miel	신혼여행

응용표현

1 La familia es el elemento natural y fundamental de la sociedad y tiene derecho a la protección de la sociedad y del Estado.

2 No hay consenso sobre la definición de la familia. Jurídicamente está definida por algunas leyes, y esta definición suele darse en función de lo que cada ley establece como matrimonio. Por su difusión, se considera que la familia nuclear derivada del matrimonio heterosexual es la familia básica.

3 Se entiende por adopción o filiación adoptiva al acto jurídico mediante el cual se crea un vínculo de parentesco entre dos personas, de forma tal que establece entre ellas relaciones análogas o muy similares a las que resultan jurídicamente de la paternidad.

4 En el siglo XX ha disminuido en Occidente el número de familias numerosas. Este cambio está particularmente asociado a una mayor movilidad residencial y a una menor responsabilidad económica de los hijos para con los padres mayores.

5 Patriarca es la denominación del varón que tenía la autoridad de *pater familias* ('padre de familia') pudiendo tomar decisiones que atañen a toda la familia.

6 La familia de padres casados en segundas nupcias es la que se crea a raíz de un nuevo matrimonio de uno de los padres. Este tipo de familia puede estar formada por un padre con hijos y una madre sin hijos, un padre con hijos y una madre con hijos, un padre sin hijos y una madre con hijos, etc.

7 En las sociedades más desarrolladas la mujer ya puede ingresar (o reingresar después de haber tenido hijos) en el mercado laboral en cualquier etapa de la vida familiar.

8 Organización Nacional para No-Padres se creó para hacer visible la idea de que tanto hombres como mujeres pueden elegir tener o no tener hijos.

9 En muchas sociedades actuales existe un cuerpo legal que elimina la discriminación hacia las madres solteras y sus hijos. De la misma forma, cada día es más común que una mujer decida establecer una familia sin la presencia de un hombre.

10 Si el viudo o la viuda se casan, su nuevo cónyuge es el padrastro, o madrastra, de los hijos del anterior matrimonio. Si nacen más hijos, son hermanastros o medio hermanos de los otros.

문형연습

1. ~처럼 보이다 / ~와 닮다.

parecer / parecerse a ~

1) 그 부인은 매우 나약해 보이지만 사실은 그렇지 않다.

2) 내가 나의 할아버지를 매우 닮았다고들 말한다.

3) 내가 보기에는 그 커플이 서로 진심으로 사랑하는 것 같다.

2. 마치 ~ 인 것처럼 / 마치 ~ 였던 것처럼

como si + 접속법 과거 시제 /
como si + 접속법 과거 완료 시제

1) 우리는 서로 모르는 사람처럼 인사를 하지 않았다.

2) 그는 백만장자인 것처럼 호화롭게 살다 죽었다.

3) 선생님은 나를 의심하는 것처럼 계속 쳐다보았다.

3. 재귀의 se

1) 까를로스는 오늘 아침 면도를 하지 않았다.

2) 그 성폭행범은 자신의 돌이킬 수 없는 과거를 깊이 뉘우치고 자살했다.

3) 대학 총장은 모든 학생들과 교수들이 무엇에 대해 불평하는지 관심을 가져야 한다.

4. 상호의 se

1) 신랑과 신부는 서로에게 충실할 것을 약속했다.

2) 그 젊은 커플은 공원 벤치에서 서로 입맞춤하고 포옹했다.

3) 나의 아버지와 나는 서로를 이해하지 못한 채 단 한 번의 편지도 주고받지 않았다.

5. 강조의 se

1) 나는 그 소식을 듣고 너무 화가 나서 담배 한 갑을 피워버렸다.

2) 마리아는 파산 후 가지고 있던 부동산을 모두 팔아버렸다.

3) 나의 애인은 옷가게 쇼윈도에 있던 모든 옷을 나에게 사주었다.

연습문제

1. 많은 사람들이 행복한 가정을 꿈꾼다. 하지만 많은 사람은 자신이 불행하다고 느끼며 살아간다. 왜 많은 부모가 자녀를 사랑하고, 자식이 부모를 사랑하는 데도 행복하지 못할까?

   sentirse feliz

2. 건강한 가족을 형성하는 데 결정적인 역할을 하는 것은 양부모가 모두 있느냐 없느냐가 아니라, 정서적으로 성숙하고 균형 잡힌 어른이 있느냐 없느냐의 문제다.

   papel decisivo

3. 대가족 제도의 장점은 손자들이 조부모의 영향으로 예의바른 사람이 될 수 있고, 가족원이 많아서 안정적인 느낌을 받을 수 있다.

   miembros de la familia

4. 동양 사회에서는 나이 많은 사람에 대해 존경을 표한다. 옛날에는 젊은 세대들도 이 풍속을 따랐지만 요즘은 많은 것이 변해 꼭 그렇지만은 않다.

   mostrar el respeto

5. 산업화, 도시화, 핵가족화라는 사회 환경의 변화와 더불어 국민들의 경로효친 사상이 달라지고 있다. 전통적인 대가족주의 가치관은 부모와 자녀 중심의 가치관으로 변화하고 있다.

la idea del respeto por los ancianos y el concepto de la propiedad filial

6. 산업화와 도시화가 인구와 가구, 가족의 이동을 유발함으로써 불가피하게 가족의 분화가 일어나게 되고 또 노인 가구가 증가했다.

ancianos independientes

7. 씨족 사회란 같은 피를 가진 사람들로 이루어진다. 즉 당신의 부모나 형제, 더 나아가 같은 성씨를 가진 사람들이 모여서 만든 사회다.

sociedad tribal (tribual)

8. 형제는 같은 부모를 가진 남성들을 아우르는 말로, 부모가 모두 같거나 한 쪽이 같은 경우를 포함한다. 또한 생물학적으로 서로 관계가 없지만 부모의 재혼이나 입양 등으로 형제가 되는 경우도 있다.

segundo matrimonio

9. 요즘 부모들은 자식들이 잘못했을 때 체벌을 하지 않고 속으로만 삭힌다. 그 부작용으로 아이들은 버릇이 없고 자기중심적으로 행동한다.

egocéntrico

10. 단독세대들은 단순하게 환경을 오염시킬 뿐만 아니라 생활방식도 큰 문제이다. 이전의 단독세대는 주로 과부나 홀아비로, 경제적으로 여유가 없었다. 그러나 젊고 돈이 많은 사람들이 혼자 사는 경우가 차차 증가하고 있다.

tener suficiente dinero

Los medios de comunicación 4과

제 4 과 Los medios de comunicación

필수어휘

La televisión

la telenovela	텔레노벨라 (TV 연속극)
la televisión digital terrestre	지상파 디지털 텔레비전
la televisión por cable	케이블 텔레비전
el canal, la cadena	채널
la producción televisiva	텔레비전 프로그램 제작(사)
el (la) televidente	텔레비전 시청자
el aparato de televisión, el televisor	텔레비전 수상기
la emisora de televisión	텔레비전 방송국
la antena parabólica	파라볼릭 안테나
el espectáculo	쇼
la secuencia	장면 (시퀀스)

La radio

la radiodifusora	라디오방송국
el radiodrama, el radioteatro	라디오드라마
el (la) oyente	청취자
la noticia radiofónica	라디오 뉴스
la onda hertziana	헤르츠 주파수
la imagen auditiva	청각 이미지
el equipo transmisor	송신장치

El periódico

el (la) corresponsal, el enviado especial	특파원, 통신원
el (la) crítico(a)	비평가, 평론가
el consejo editorial	편집위원회
el consultorio sentimental	(애정문제) 독자상담
el diario	신문 (일간지)
el editorial	사설
el editorialista	논설위원
el humor gráfico	그래픽 유머
el periódico quincenal	격주간지
el semanario	주간지
la circulación	배포
la columna periodística	신문의 칼럼
la composición	조판
la crónica	신문기사
la exposición de pintura (escultura)	그림 (조각) 전시회
la página literaria	문예면
la prensa amarilla (sensacionalista)	황색신문
la prensa del corazón (rosa)	연예신문
la prensa local	지방지
la prensa salmón (económica)	경제지
la sección deportiva (de arte, de espectáculos)	스포츠 (예술, 공연) 섹션
la sección financiera	금융면
la carta al director	편집자에게 보내는 편지
la carta del público	독자란
las columnas	칼럼
las críticas (cinematográficas, televisivas, deportivas, teatrales, musicales)	(영화, 텔레비전, 스포츠, 연극, 음악) 비평
el artículo de fondo	시사초점 기사

La revista

la revista musical	음악잡지
la revista semanal (quincenal, mensual, bimestral)	주간 (격주간, 월간, 격월간) 잡지
la portada	표지
la revista a color	컬러잡지
la revista web	웹진
las revistas (culturales, políticas, científicas, literarias)	(문화, 정치, 과학, 문학) 잡지

El internet

el cibercafé	사이버카페
la cibercultura	사이버문화
el ciberespacio	사이버공간
la cibernética	인공두뇌학
el icono	아이콘
la interactividad	컴퓨터 쌍방향 커뮤니케이션
el internauta	인터넷 사용자
la navegación	인터넷 항해
el navegador	인터넷 네비게이터
el teleservicio	인터넷 서비스
el buscador	인터넷 탐색기 (탐색창)
el correo electrónico	전자우편 (이메일)
el servidor	서버
la página web	웹페이지
la información en línea	온라인정보
la palabra clave	키워드
la imagen en movimiento	동영상

Otras expresiones

la comunicación masiva	매스컴
la emisora nacional	국내 (국영) 방송
el amarillismo	선정주의
el crucigrama	십자낱말풀이, 낱말퍼즐
el escáner	스캐너
el eslogan	슬로건
el facsímil	팩시밀리
el flujo informativo	정보의 흐름
la fuente	정보 출처
el guión	영화 시나리오, 연극 (드라마) 대본
el jefe de sección	팀장
el mercado de la información	정보시장
el negativo	사진 원판 (음화)
el noticiero	뉴스 아나운서, 프로그램
el punto de vista	관점
el redactor jefe	편집장
el redactor web	웹편집장
el director	감독
el productor	피디 (PD)
la entrevista	인터뷰
el entrevistado	피회견자
el entrevistador	회견자
el reportaje	르포
el satélite	위성
el titular	타이틀
la caricatura	풍자만화 (캐리커처)
la digitalización de imágenes	이미지의 디지털화
la diseminación de información	정보의 유포

la fotocomposición	화상편집
la redacción electrónica	전자편집
la imprenta	인쇄
la multimedia	멀티미디어
la producción publicitaria	출판제작(사)
la puesta de largo	(젊은 여성의) 사교계 데뷔
debutar	데뷔하다
el anuncio, el aviso, la publicidad	광고
la censura	검열
censurar	검열하다
hacer una entrevista con (entrevistar con)	~와 인터뷰하다

응용표현

1 La comunicación juega un papel de suma importancia dentro del desarrollo de la sociedad en general, ya que la misma tiene que ver con la forma como los individuos interactúan y como influyen los unos sobre los otros.

2 Uno de los elementos más representativos de la evolución tecnológica humana se configura en los medios de comunicación, los mismos han logrado evolucionar con el pasar del tiempo.

3 Los medios de comunicación masiva (periódicos, revistas, noticieros de radio y televisión, páginas Web) son instrumentos fundamentales de diseminación de información, de educación y de cambios en las culturas y prácticas sociales de cualquier país o nación.

4 La televisión es un sistema para la transmisión y recepción de imágenes en movimiento y sonido a distancia. Esta transmisión puede ser efectuada mediante ondas de radio o por redes especializadas de televisión por cable. El receptor de las señales es el televisor.

5 Los programas televisivos son a diario motivo de debate y polémica en los centros escolares, en las oficinas o en la barra de un bar. En definitiva, la televisión se ha convertido en un elemento imprescindible que, en no poca medida, rige nuestras vidas.

6 Internet tiene un impacto profundo en el mundo laboral, el ocio y el conocimiento a nivel mundial. Gracias a la web, millones de personas tienen acceso fácil e inmediato a una cantidad extensa y diversa de información en línea.

7 Un buscador se define como el sistema informático que indexa archivos almacenados en servidores web cuando se solicita información sobre algún tema. Por medio de palabras clave, se realiza la exploración y el buscador muestra una lista de direcciones con los temas relacionados.

8 El término multimedia se utiliza para referirse a cualquier objeto o sistema que utiliza múltiples medios de expresión (físicos o digitales) para presentar o comunicar información. Los medios pueden ser variados, desde texto e imágenes, hasta animación, sonido, video, etc.

9 A diferencia de los diarios o periódicos, orientados principalmente a ofrecer noticias de actualidad más o menos inmediata, las revistas ofrecen una segunda y más exhaustiva revisión de los sucesos, sea de interés general o sobre un tema más especializado.

10 Los anuncios por palabras nos indican quién quiere vender o comprar coches, o casas, o quién ha perdido un perro, o quiere alquilar un piso o apartamento, quién busca trabajo, u ofrece empleo.

문형연습

1. ~ 역할을 하다

representar (desempeñar / hacer) un papel

1) 내 친구는 어느 텔레비전 방송국에서 아주 중요한 역할을 담당하고 있다.

2) 21세기에 라디오의 역할은 옛날보다 줄어들었다.

3) 그래픽 디자인은 인터넷에서 근본적인 역할을 한다.

2. ~에 들어가다. ~이 만들어지다.

configurarse (en) ~

1) 이 정보는 그 웹페이지에 실릴 수 있을 것이다.

2) 그 라디오 방송국은 제1차 세계대전 이후에 만들어졌다.

3) 이 그림은 세 가지 다른 색깔로 그릴 수 있다.

3. ~으로 바뀌다

convertirse en ~

1) 그 경제지는 한국에서 가장 나쁜 잡지가 될 것이다.

2) 그 여배우는 메히꼬 시에 있는 어느 황색신문의 논설위원이 되었다.

3) 삼성은 세계 1위의 모바일 회사가 될 것이다.

4. 영향력을 발휘하다

tener un impacto

1) 그 동영상이 뻬루 농민들에게 긍정적인 영향력을 발휘했다.

2) 텔레비전을 지나치게 시청하는 것은 삶의 질에 부정적인 영향을 미칠 수 있다.

3) 메히꼬의 뗄레노벨라는 하층 여성의 삶에 직접적인 영향을 주고 있다.

5. ~을 통해

por medio de ~

1) 그 신문에 실린 영화비평을 전자우편으로 제게 보내 주셔요.

2) 나는 그 여배우의 저택을 구글 어스를 통해 보았다.

3) 인터넷 사용자들은 사이버 공간에서 정보를 교환한다.

연습문제

1. 국영 텔레비전 방송국은 상업적인 광고를 많이 하지 않고 우리의 삶에 유익한 정보, 장편영화, 애니메이션 영화 등을 방영한다.
   el largometraje

2. 그 잡지는 수차례에 걸쳐 정부에 심각한 문제를 야기하는 정보를 보도했다. 그 정보들은 멀티미디어를 통해 국민에게 광범위하게 유포되었다.
   informar, difundir ampliamente

3. 나는 어렸을 때 늘 텔레비전 앞에서 많은 시간을 보냈다. 평론가들은 일부 텔레비전 채널의 어린이 프로그램을 신랄하게 비판한다.
   frente a la televisión

4. 당신은 그 신문의 경제면을 즐겨 읽습니까? 그 신문이 당신에게 중남미 경제에 대한 새로운 시각을 준다고 생각하지 않으십니까?
   punto de vista

5. 나는 당신의 소설 원고를 매우 흥미롭게 읽었습니다. 출판할 생각이 없으신지요? 내년에는 그 소설을 사이버공간에도 실을 예정입니다.

6. 한국의 언론은 비교적 독립적이라는 명성을 지니고 있다. 그런데 정부의 문화정책을 비판한 어느 기사에 대해 검열을 할 것이라는 생각이 문득 떠올랐다.
   hacer una censura / censurar

7. 21세기에는 다양한 인터넷 서비스가 우리의 삶에 결정적인 영향을 미친다. 세계의 젊은이들은 거의 매일 정보의 바다를 항해하고 있다.

8. 그 라디오드라마를 만든 여자 감독은 한국외국어대학교 스페인어과 출신이다. 그 드라마는 작년 1년 동안 한국 청취자들을 감동시켰다.

9. 그 연예 전문 신문사의 특파원은 작년 겨울에 스페인의 영화, 텔레비전드라마 스타들과 인터뷰를 해서 인터넷과 케이블 TV를 통해 서비스했다.

el corresponsal en España

10. 우리는 인터넷, 텔레비전, 라디오, 영화, 잡지 등의 대중매체가 한국의 문화산업에 미치는 긍정적인 영향과 부정적인 영향에 관해 조사하고 있다. 그 결과는 인터넷을 통해 제공될 것이다.

La vida urbana 5과

제 5 과 La vida urbana

필수어휘

La ciudad

el ayuntamiento	시청
el alcalde, la alcaldesa	(여) 시장, 군수
el (la) concejal	(지방 의회) 의원
el municipio	지방 자치 단체
el crecimiento demográfico	인구증가
el plano de la ciudad	도시 지도
el centro	중심가
las afueras	(도시의) 변두리
el espacio abierto	녹지공간
la zona verde, el terreno rústico	개발제한구역 (그린벨트)
la urbanización	도시화
la administración	행정
el (la) habitante	주민
el agua potable	식수
la red eléctrica	전기망
el alcantarillado	하수도
el suministro de agua	상수도
el rascacielos	초고층 빌딩
el transeúnte	행인
el letrero luminoso	네온사인
el farol, la farola	등, 가로등

Las instalaciones

los grandes almacenes, las galerías	대형쇼핑센터, 백화점
el supermercado	슈퍼마켓
el hipermercado	대형 슈퍼마켓 (하이퍼마켓)
la tienda	상점
el estadio	경기장
el escaparate	상품진열창
el centro de diversión (el parque de atracciones)	놀이공원
la biblioteca pública	공공도서관
la tintorería, el tinte	세탁소, 염색공장
la estación de metro	지하철역
el quiosco de periódicos	신문 가판대
el teléfono público	공중전화
el gimnasio	헬스클럽
la estación de servicio, la gasolinera	주유소
el estacionamiento, el parqueadero	주차장 (중남미)
el aparcamiento	주차장 (스페인)
la oficina de correos	우체국
la lavandería (automática)	(자동) 빨래방
la panadería	제과점
la sala de concierto	연주회장
la farmacia	약국
la agencia de viajes	여행사
el zoológico, el zoo	동물원
el paradero, la parada	정류장

El tráfico y el transporte

la circulación	교통(량)
el atasco, el atochamiento, tráfico	교통 체증
el combustible	연료
el embotellamiento	병목현상
la hora punta, la hora pico	러시아워
la dirección única	일방통행
el semáforo, la luz de tráfico	신호등
la multa	벌금
el metro	지하철
el autobús	버스
el vehículo	차량
el peatón	보행자
el transporte urbano	도시 운송 수단
la esquina	(길) 모퉁이
la zona peatonal	보행자 전용 구역
el ámbar	(교통신호) 황색
el transporte público	대중교통
la señal de tráfico	도로표지판
el paso elevado	고가도로
la acera	보도
la calzada	차도
el cruce	교차로
el accidente de tráfico	교통사고
el problema de transporte	교통 문제
los medios de transporte	교통 수단

La vivienda

el alojamiento	숙박시설
la planta baja	1층 (중남미에서는 1층이 el primer piso)
el piso	아파트 (스페인)
el apartamento	아파트 (중남미)

Otras expresiones

la entidad administrativa (política)	행정 (정치) 기관
el envejecimiento de la población	인구노령화
el subsuelo	지하층
el sótano	지하실
la visibilidad	시정(視程), 시계(視界)
el sistema educativo (escolar)	교육 제도
la superpoblación	인구과잉
la calidad de vida	삶의 질
la población urbana	도시인구
la densidad poblacional	인구밀도
la baja natalidad	저출산
la atmósfera	대기
la contaminación	오염
la autonomía	자치권
el propietario	소유주
el vendedor ambulante	노점상
la concentración demográfica	인구 집중
las instalaciones básicas de la ciudad	도시 기반 시설
ampliar (ensanchar) la carretera	도로를 넓히다
el ensanchamiento urbano	도시 확장

응용표현

1 El crecimiento demográfico en el siglo actual ha creado serios problemas, sobre todo en las grandes ciudades: problemas de alojamiento, de transporte, de contaminación atmosférica, de falta de espacios abiertos, de embotellamiento de tráfico en las horas puntas.

2 En el centro de las ciudades están los grandes almacenes, las tiendas, las oficinas, los bancos, los hoteles y también los pisos donde viven muchas familias.

3 La institución que gobierna una ciudad se llama el ayuntamiento, que está formado por el alcalde y los concejales. En algunos países los alcaldes y concejales son elegidos por los electores del municipio.

4 Atasco o embotellamiento, se refiere tanto urbana como interurbanamente, a la condición de un flujo vehicular que se ve saturado debido al exceso de demanda de las vías, produciendo incrementos en los tiempos de viaje y atochamientos.

5 El término ciudad suele utilizarse para designar una determinada entidad político-administrativa urbanizada. En muchos casos, sin embargo, la palabra también se usa para describir un área de urbanización contigua (que puede abarcar diversas entidades administrativas).

6 Una calle es un espacio urbano lineal que permite la circulación de personas y, en su caso, vehículos y da acceso a los edificios y solares que se encuentran a ambos lados. En el subsuelo de la calle se disponen las redes de las instalaciones de servicios urbanos a los edificios tales como: alcantarillado, agua potable, gas, red eléctrica y telefonía.

7 El semáforo más común es el que tiene tres luces: roja, ámbar - a veces llamada amarilla - y verde. Cuando se ilumina, el rojo indica a los vehículos y a los peatones que paren, el ámbar que estén alerta, y el verde que puedan continuar.

8 Los centros comerciales poseen un orden determinado para disponer las tiendas; por ejemplo, una planta o sector es sólo para ropa, otro es para el expendio de comida y restaurantes, otro es para cines y centro de diversión y ocio. Es casi imprescindible que el centro comercial tenga un supermercado o hipermercado.

9 Se entiende por contaminación atmosférica a la presencia en el aire de materias o formas de energía que impliquen riesgo, daño o molestia grave para las personas y bienes de cualquier naturaleza, así como que puedan atacar a distintos materiales, reducir la visibilidad o producir olores desagradables.

10 Los parques que fueron mantenidos en la antigüedad privadamente para disfrute de sus propietarios están en la actualidad abiertos al público, como los jardines de Versalles, Jardines del Retiro de Madrid o los antiguos parques de caza de nobles y reyes, como el bosque de Fontainebleau.

문형연습

1. ~ 전부터 ~ 하다. / ~ 한 지 ~ 지나다.

hace + 기간 + que ~ 하다. /
~ 하다 + desde hace + 기간

1) 나는 3년 전부터 교외에서 산다.

2) 수년 전부터 이 교차로에서 교통사고가 없다.

3) 육 개월 전부터 시민들은 신호등 설치를 요구했다.

2. 아무리 ~ 해도

por más (mucho / mucho(a)s) ~ que + 접속법 동사

1) 아무리 차가 밀려도 서로 양보해야 한다.

2) 아무리 도로를 넓힌다고 해도 대도시의 교통 문제는 해결이 안된다.

3) 네가 무슨 말을 하든지 간에 지하철이 도시 교통 수단 중 가장 빠르다.

3. (주어) ~ 하기를 / ~할 것을 ~ 하다.

명사절에서의 접속법

1) 나는 그 아이가 엘리베이터를 타는 게 두려웠다.

2) 그가 차 사고를 냈다는 것이 믿어지지 않았다.

3) 네가 이번 졸업시험에 통과하지 못할까 봐 걱정된다.

4. ~에 닿다, ~을 허용하다.

dar acceso a ~

1) 이 다리는 국제공항과 연결되어 있다.

2) 시청은 모든 학교에 인터넷을 공급할 것이다.

3) 도시로 연결된 도로들은 차단되어 있었다.

5. ~ 할 것이 / ~해야 할 것이다.

부정대명사 / 부정형용사 + 명사 + que + 동사원형

1) 아주 심심한데, 할 일이 전혀 없구나.

2) 집 청소를 하고 싶지만, 쓸 빗자루가 없다.

3) 지난 주말에 백화점에 갔는데, 사고 싶은 옷이 하나도 없었다.

연습문제

1. 한국에서 지속적인 인구 증가는 교통문제, 주택문제 같은 심각한 사회 문제를 야기했지만, 지금은 저출산이 당면한 문제이다.
   problema inmediato

2. 대도시에는 지하철이 발달되어 있다. 지하철 계단 입구에서 구걸하는 거지들이 있지만 아무도 눈길을 주지 않고, 특히 겨울에는 노숙자들이 많다.
   la gente sin techo

3. 오래 전부터 부자들은 도시를 떠나 한적한 교외에서 살고 있다. 그러나 이런 유행은 출퇴근 문제 때문에 시들해졌고, 요즘은 다시 도시에서 살고 싶어 한다.
   suburbio apartado de la ciudad

4. 서울은 한강을 기준으로 남쪽과 북쪽으로 나뉘어져 있다. 강남 지역은 계획도시이고 강북 지역은 고궁들, 옛날 집, 아파트가 혼재한 구도시이다.
casco antiguo

5. 대도시는 심각한 대기오염, 주차, 범죄, 인구 집중, 도시의 무질서한 팽창, 상하수도, 의료, 교육 등의 문제를 가지고 있다. 그래서 대도시의 기능 및 인구를 지방으로 분산시키고, 그린벨트를 설정하고, 도시 기반 시설을 확충하려고 한다.
descentralizar

6. 서울은 한국의 근대화, 소비주의, 자본주의의 성장, 그리고 세계화를 의미하는 한국의 수도이다. 그러나 외국 여행객들은 탈, 도자기, 나전칠기 등 아름다운 전통공예품들, 고미술 관련 상가가 있는 인사동이나 경복궁 같은 전통적인 서울의 모습을 보고자 한다.
traducirse en

7. 나는 고등학교 친구들과 함께 마드리드로 배낭여행을 갔는데, 그곳에서 우연히 마드리드 대학교에서 교환 학생으로 공부하고 있는 학생들을 만났다. 우리는 서로 친구가 되었고, 함께 레띠로 공원과 그란 비아를 산책했다.
ir de excursión con mochila

8. 도시에는 제2차 산업과 제3차 산업에 종사하는 인구가 많다. 도시의 중심기능이 집중되어 있는 곳을 시가지라 부르며, 시가지의 주변에 있는 지역을 교외라고 한다.
distrito urbano, concentrarse

9. 서울에는 1958년에 최초로 아파트가 지어졌다. 주택난 해소를 위해 서울시가 건설에 참여하였고, 이후로 건설회사들이 대거 아파트를 세웠다.
participar en, edificar, construir

10. 개발제한구역은 도시의 무절제한 팽창을 막고 주변 녹지환경을 보전하기 위해 법적으로 지정된 녹지대로서, 주로 시가지를 둘러싸고 있는 공원, 미개발 녹지 등으로 이루어진다.
expansión inmoderada, rodear

La moda 6과

제 6 과 La moda

필수어휘

La ropa

el traje	양복
el vestido	드레스
el abrigo	외투
el bañador	수영복
el bikini	비키니
el calzón, el calzoncillo, la braga	팬츠
el chaleco	조끼
el cinturón	허리띠
el gorro	챙 없는 모자
la gorra	챙 달린 모자
el impermeable	비옷
el saco	카디건
la chaqueta	재킷
el sombrero	모자
el suéter, el jersey	스웨터
el sujetador, el sostén	브래지어
el uniforme	유니폼
la bata	가운
la blusa	블라우스
la boina	베레모
la bolsa	핸드백
la bufanda	목도리
la camisa	(와이)셔츠

la camiseta	티셔츠
la corbata	넥타이
la falda, la pollera	치마, 스커트
la mini-falda	미니스커트
la enagua	속치마
el pijama	파자마
la sudadera	트레이닝복
las medias	스타킹
los calcetines	양말
los blue jeans	블루진
los vaqueros	청바지
los guantes	장갑
los pantalones	바지

Los accesorios

el adorno	장신구
los aretes, el aro	귀걸이
la pulsera	팔찌
el anillo, la argolla	반지
la cinta	리본
el collar	목걸이
el pendiente	팬던트 (목걸이나 귀걸이 따위의, '늘어뜨린' 장신구)
el arete	귀걸이
el llavero	열쇠고리
el gancho	머리핀
el broche	브로치

Los zapatos

las sandalias	샌들
la playera	슬리퍼
las botas	부츠, 장화
los zapatos de tacón alto (bajo)	굽이 높은 (낮은) 신발
las zapatillas	스니커즈, 캔버스 슈즈

Otras expresiones

la cartera	(명함) 지갑
la billetera	(돈) 지갑
el estilo	스타일
el diseño	디자인
la manga	소매
el cuello	컬러, 깃
la textura, los tejidos	직물
la piel, el cuero	가죽
la lana	양모
el algodón	면
la seda	비단
el armario	옷장
la tintorería	염색공장, 세탁소
la lavandería	세탁소, 빨래방
la fibra sintética	합성섬유
un par de	한 짝 (쌍, 켤레)
el lino	리넨
la gasa	거즈
la malla	망사
la tela	천

el nilón	나일론
el pañuelo	손수건
la toalla	수건
la maleta	가방
el peinado	머리 모양
el maquillaje	화장
la ropa de deporte	스포츠웨어
el perfume	향수
el reloj	시계
la joya	보석
el tatuaje	문신
el piercing	피어싱
el (la) modelo	모델
el botón	단추
la ropa hecha	기성복
los vestidos hechos a mano (máquina)	손으로 (기계로) 만든 옷
la bragueta	바지의 앞트임
la cremallera (el cierre, el zíper)	지퍼
la talla	치수
sedoso	비단 같은
tosco	거친
la venta al menudeo	소매 판매
la tela de (a) cuadros	체크무늬 천
la tela de (a, con) rayas (rayado)	줄무늬 천
la camiseta(playera) de manga corta	반팔 티셔츠
el modista de primera categoría	일류 디자이너
los maniquíes que exhiben las últimas modas	최신 유행을 선보이는 마네킹

응용표현

1 La moda se refiere a las costumbres que marcan alguna época o lugar específicos, en especial aquellas relacionadas con el vestir o adornar. Todas las personas tienen diferentes gustos de vestir, algunos usan ropa más discreta, otros más llamativa, más elegante, etc.

2 En el 2000 la moda se ha asociado y cambiado según las distintas tribus urbanas. Ellas distinguen la ropa según las marcas exclusivas, es decir, por llevar determinado logo o símbolo estampado, por algún accesorio o por vestirse de distintos colores claros.

3 El hombre es el único animal racional, y no sabemos si esa será la explicación de que sea el único que se viste. Desde el principio de los tiempos hasta nuestros días, su vestimenta ha sufrido numerosas transformaciones que en la mayoría de los casos han sido debidas al descubrimiento de nuevos tejidos y materiales.

4 El traje es el conjunto tradicional masculino en el mundo occidental formado por un combinado de chaqueta y pantalón y en ocasiones, un chaleco. El traje moderno no apareció hasta mediados del siglo XIX, pero los orígenes de su forma se pueden remontar a la revolución en el vestido masculino fijado por Carlos II, rey de Gran Bretaña.

5 El blanco se asocia popularmente con la pureza y la virginidad, pero en su origen el color blanco del vestido de la novia era un símbolo de poder económico y de estatus social, ya que el poder obtener un vestido blanco con las características típicas del vestido de novia, es decir, mucha tela, calidad, adornos y demases, valía mucho.

6 Actualmente los calzados están preparados para cada acondicionamiento físico del terreno. La sandalia es una especie de zapato que sirve para conseguir más aire fresco sobre el pie, la zapatilla permite más capacidad para el movimiento y la bota permite el paso sobre líquidos de manera impermeable.

7 Los accesorios de moda para la mujer consiguen dar un toque más singular a nuestra forma de vestir. Unos pañuelos de moda o unos collares de mujer hacen resaltar más nuestra belleza y podemos combinar más variadamente nuestro vestuario.

8 Los pantalones pueden ser largos, en cuyo caso las bocas de las piernas llegan a la altura de los tobillos o incluso más abajo, o pueden ser cortos en distintas graduaciones, que van desde la pantorrilla hasta la rodilla o la ingle.

9 La falda, pollera o enagua es una prenda de vestir primordialmente femenina que cuelga de la cintura y cubre las piernas, al menos en parte. Suele ser de tela y de forma cilíndrica o tronco-cónica, y a diferencia de los pantalones no está dividida.

10 Una de las prendas más importantes del otoño son las chaquetas, parte fundamental de nuestro fondo de armario y de las cuales no debemos olvidar que es una de las piezas clave de nuestro vestuario.

문형연습

1. ~이 (누구에게) 잘 맞다 (맞지 않다)

quedarle a uno bien (mal) / sentarle a uno bien (mal)

1) 내 형은 양복 상의가 잘 맞지 않는다고 생각했다.

2) 미스 베네수엘라에게는 그 검은색 망사 모자가 아주 잘 어울렸다.

3) 중년 여성들은 늘 자신들에게 잘 맞는 액세서리를 착용한다.

2. ~과 짝을 이루다, ~과 어울리다

hacer juego con ~

1) 당신의 치마에는 갈색 구두가 잘 어울릴 겁니다.

2) 머리 스타일과 어울리는 머플러를 두르세요.

3) 일류 디자이너는 늘 고객의 신체 조건과 의상이 잘 어울리도록 애쓴다.

3. ~을 입은 상태다, ~을 입고 있다

llevar puesto

1) 나는 청바지를 입을 때가 가장 자유롭다.

2) 비가 올 수 있으니 비옷을 입고 나가거라.

3) 그 인상파 화가는 외출할 때 늘 베레모를 쓴다.

4. ~에 대한 취향을 갖다, ~을 좋아하다

tener gusto de (por / para) ~

1) 세상의 모든 여자는 패션에 대한 취향이 각각 다르다.

2) 까리베 지역 사람들은 가벼운 옷을 선호한다.

3) 스페인의 어느 왕자는 맞춤옷을 유난히 좋아했다.

5. ~의 일종이 되다

ser una especie de ~

1) 반바지는 당분간 젊은 사람들에게 일종의 필수품이 될 것이다.

2) 80년대 한국에서 트레이닝복은 일종의 학생복이었다.

3) 좋은 향수는 사람의 매력을 과시하는 것이 될 수 있다.

연습문제

1. 옷차림은 한 사람의 사회적 신분, 그가 가지고 있는 부를 나타내는 것이 될 수 있다. 따라서 모든 사람은 가능한 한 좋은 옷과 신발, 장신구를 착용하고 싶어 한다.
   la indumentaria

2. 나는 어제 새로 산 회색 양복과 어울리게 입을 만한 분홍색 와이셔츠 한 개를 살 작정이다. 오늘 오후에 여자친구와 함께 백화점에 가 보려 한다.
   camisa de color rosa

3. 나일론 소재의 천으로 만든 옷은 주름이 많이 가지 않기 때문에 실용적이지만, 건강에 좋지 않다는 견해가 지배적이다.
   arrugarse, opinión predominante

4. 당신이 지난 겨울에 입은 외투는 어떤 재질의 천으로 만든 것이죠? 양모인가요? 면인가요? 합성섬유인가요?

5. 가방류를 소매로 판매할 때는 소비자의 취향에 맞도록 구색을 갖춰야 한다. 이런 점에서, 최신 유행 상품들을 판매하는 시내 상업지역의 한 가게를 추천하고 싶다.
estar bien surtido, artículos de última moda

6. 일반적으로 손으로 만든 옷이 기계로 만든 옷보다 더 비싸지만, 개성은 있다. 그렇기 때문에 부자들과 멋쟁이들은 손으로 만든 옷을 선호한다.
el (la) majo(a), el dandi

7. 내가 대학에서 디자인과 교수님을 처음 뵈었을 때, 교수님은 빨간색 체크무늬 넥타이를 매고, 노란색 줄무늬 반바지를 입고, 감청색 모자를 쓰고 계셨다.
Departamento de Diseño, azul marino (oscuro)

8. 내 사촌 여동생은 마침내 일류 패션잡지의 편집장이 되었다. 그녀에 따르면, 올 여름에 남성들 사이에서는 반팔 티셔츠가, 여성들 사이에서는 굽 높은 구두가 유행할 것이다. 유행은 늘 변하기 마련이니까.
revista de moda

9. 유명 블루진 미니스커트의 할인 판매가 시작되자 구매자들이 쇄도해 한 시간 만에 동나 버렸다. 미니스커트는 썩 편하지 않지만, 여성의 매력을 돋보이게 할 수 있다.
acudir (abalanzarse) en tropel, acabarse (agotarse)

10. 의류상들은 고객의 관심을 끌기 위해 최신 유행을 선보이는 마네킹을 배치한다. 사람들은 마네킹이 입고 있는 옷을 보고 구매를 결정하는 경향이 있다.
captar (atraer) la atención del cliente

El turismo 7과

제 7 과 El turismo

필수어휘

Los viajes

la agencia de viajes	여행사
la reservación, la reserva	예약
el equipaje	짐
el boleto, el billete	승차권
el pasabordo	보딩패스
el documento	서류
el pasaporte	여권
el certificado de vacuna	예방접종 증명서
el itinerario	여정
la estación del tren	기차역
el mapa	지도
la terminal de autobuses	버스 터미널
la aduana	세관
el aeropuerto	공항
el vuelo	비행
el puerto	항구
el andén	플랫폼
la entrada	입구
la salida	출구
el asiento	좌석
la ventanilla	(자동차, 비행기 등의) 창
el viajero	여행객
el pasajero	승객
la guía	안내서
el (la) guía	안내인

Los medios de transporte

el transporte marítimo (fluvial, ferroviario, terrestre)	해양 (수상, 철도, 육상) 운송
el automóvil	자동차
el carro, el coche	자동차 (소형차)
el autobús	버스
el camión	트럭, 버스
la motocicleta	오토바이
el avión, la aeronave, el aeroplano	비행기
el helicóptero	헬리콥터
el barco	배
el bote	보트
el yate	요트
el barco (buque) de turismo (turistas)	유람선
el crucero	크루즈 선
la bicicleta	자전거
el ferrocarril	철로
el tren	기차
el ascensor, el elevador	승강기, 엘리베이터

Las señales en las carreteras o en autopistas

la carretera de cuota (libre)	유료 (무료) 도로
la precaución	주의
el camino sinuoso	구불구불한 길
la pendiente grande (pequeña)	급 (완만한) 경사길
no rebasar o no adelantar (en curva, en pendiente)	(커브길, 경사길) 추월 금지
el carril izquierdo	좌측 차로
la desviación	분로(分路)

la caseta de cobro, el puesto de peaje	톨게이트
la zona de niebla	안개주의
la zona de derrumbe	낙석주의
el retorno	회차(回車)
ceda el paso	추월가능
la curva	커브
el puente	다리

Otras expresiones

el patrimonio cultural (natural)	문화 (자연) 유산
el combustible	연료
el mantenimiento	유지
la reparación	보수
el parque arqueológico	고고학(考古學) 공원
el jardín botánico	식물원
el zoológico, el zoo	동물원
líneas marítimas (aéreas, terrestres)	해상 (항공, 육상) 운송로
por tierra (aire, mar, río)	육지(공중, 바다, 강)로
a caballo	말을 타고
en burro (camello)	당나귀(낙타)를 타고
andar a pie	걸어서
despegar	이륙하다
el despegue	이륙
aterrizar	착륙하다
el aterrizaje	착륙
la hora local	현지시각
abrochar el cinturón de seguridad	안전벨트를 매다
chequear los objetos personales	개인 물품을 챙기다
confirmar la reserva	예약 사항을 확인하다.

응용표현

1 Según la Organización Mundial del Turismo de las Naciones Unidas, el turismo comprende las actividades que hacen las personas durante sus viajes y estancias en lugares distintos al de su entorno habitual, por un período consecutivo inferior a un año y mayor a un día, con fines de ocio, por negocios o por otros motivos.

2 El turismo activo que se realiza en espacios naturales está estrechamente relacionado con el turismo rural y generalmente este tipo de actividades se realiza en un parque natural debido al interés ecológico que éste presenta.

3 El turismo cultural es una modalidad de turismo que hace hincapié en aquellos aspectos culturales que oferta un determinado destino turístico, ya sea un pequeño pueblo, una ciudad, una región o un país.

4 El viaje a través del tiempo es un concepto de desplazamiento hacia delante o atrás en diferentes puntos del tiempo, así como lo hacemos en el espacio.

5 Los modos de transporte son combinaciones de redes, vehículos y operaciones. Incluyen el caminar, la bicicleta, el coche, la red de carreteras, los ferrocarriles, el transporte fluvial y marítimo, el transporte aéreo, incluso la unión de varios o los tres tipos de transporte.

6 Hay numerosas agencias de viajes en las principales ciudades y en ellas se hacen los trámites para visitar los lugares más hermosos e interesantes de la tierra.

7 El alpinista y el pescador deportivo son prototipos de turistas. Sus actividades se parecen a un juego ya que se sitúan fuera de cualquier consideración económica.

8 Los aeropuertos son estaciones para los pasajeros de las aerolíneas y para el transporte de mercancías. En ellos, los aviones reciben combustible, mantenimiento y reparaciones.

9 Las señales de tránsito son nuestra guía en las calles y caminos. Nos indican distancias entre ciudades, curvas, puentes y todo aquello que el conductor necesita para informarse sobre el camino o dentro de una empresa grande, clubes, camposantos (cementerios), etc.

10 Una aduana es una oficina pública de constitución fiscal establecida generalmente en costas y fronteras. Su objetivo es registrar el tráfico internacional de mercancías que se importan y exportan desde un país concreto y cobrar los impuestos que establezcan las aduanas.

문형연습

1. 차로 가다 / 차로 데려다주다.

ir (andar, pasear) en coche (carro) /
llevar (a alguien) en coche (carro)

1) 교통이 혼잡할 때는 차를 타고 고속도로를 달리는 것이 전혀 즐겁지 않다.

2) 나는 날씨가 좋고 시간이 있으면 차로 시골을 돌아다닐 것이다.

3) 그 세관원은 매일 아침 아이들을 차에 태워 학교에 데려다 준다.

2. ~하는 꿈에 부풀어 있다, ~을 기대하다

ilusionarse (con) / hacerle ilusión a alguien /
hacer(se) ilusiones (sobre) / estar ilusionado (con),

1) 그 어린이들은 디즈니랜드에 간다는 꿈에 부풀어 있었다.

2) 내 어머니는 그 여행에 많은 기대를 하신다.

3) 여행이 확실하지 않기 때문에 여행을 떠나는 것에 대해 지나친 기대를 하지 말라고 내가 그들에게 말했다.

3. 미치게 (화나게) 만들다

sacar (a alguien) de quicio (de sus casillas)

1) 약속에 항상 늦게 도착하는 사람은 나를 화나게 만든다.

2) 자동차 소음 때문에 나는 정신이 없었다.

3) 관광객들은 여행 가이드가 불친절해서 화가 잔뜩 났다.

4. 걸어가다

ir a pie

1) 지난 주말 우리는 기차역까지 걸어갔다.

2) 차를 타는 것보다 걷는 것이 건강에 좋다.

3) 그 소녀가 공항까지 걸어가는 것은 쉬운 일이 아니었다.

5. ~을 고집(주장, 강조)하다

hacer hincapié en ~

1) 그는 우리가 배를 타야 한다고 우겼다.

2) 꾸스꼬 시장은 관광을 발전시키는 것이 중요하다고 주장한다.

3) 문화부장관은 국가의 문화유산을 보존해야 한다고 주장할 것이다.

연습문제

1. 세계의 주요 도시들에는 여행사가 많이 있다. 이들 여행사에서는 지구상에서 가장 아름답고 흥미로운 곳을 관광할 수 있는 수속이 이루어진다.
   realizarse el trámite

2. 나는 매 주말 어머니를 시골 농장까지 차로 모셔다 드린다. 어제는 커브길에서 추월을 하려다 어머니로부터 꾸중을 들었다.
   intentar rebasar, regañar (reprender)

3. 그는 어려서 공항 가까운 동네에 살았기 때문에 비행기가 이 · 착륙하는 것을 많이 보았다. 어른이 되면 해외여행을 많이 해야겠다는 꿈을 꾸었다.
   el barrio cerca al (del) aeropuerto

4. 지난 주말 꼴롬비아 친구가 한국어를 배우러 한국에 왔다. 나는 그 친구를 맞으러 공항에 갔는데, 비행기가 두 시간이나 연착해서 짜증이 났다.
   irritarse, enojarse

5. 운전을 할 때 안전벨트를 매고 안전거리를 유지하는 것은 기본상식일 뿐만 아니라 생명을 지키는 중요한 수단들 가운데 하나다.
mantener la distancia de seguridad, sentido común

6. 지난 토요일 형이 고속도로에서 난폭운전을 계속했고, 형의 그런 행동 때문에 결국 나는 화가 나 버렸다.
de una manera violenta

7. 그 항공사 사장은 휴가 중에 아름다운 해변의 저택에 머문다. 여기서부터 사장의 저택까지 자동차로 가면 그리 오래 걸리지 않는다.
la mansión, no demorarse mucho

8. 사막을 여행할 때는 낙타를 타는 것이 좋고, 아마존을 여행할 때는 보트를 타는 것이 좋다. 하지만 고고학공원을 돌아다닐 때는 말을 타는 것이 좋다.
tomar el bote

9. 나는 어제 애인과 함께 유람선을 타고 부에노스아이레스에서 몬떼비데오까지 가면서 애인에게 사랑을 고백했다. 올 가을에는 함께 비행기를 타고 카리브해에 갈 생각이다
confesar el amor

10. 여행할 때는 여행경비, 신분증, 여권, 옷가지를 담은 가방과 세면도구, 비행기표 등을 준비해야 합니다. 그리고 일정 기간 머물게 될 도시의 호텔을 예약하는 것이 좋습니다. 개인 물건은 잘 챙겨야 합니다.
artículos de aseo, artículos personales

El deporte 8과

제 8 과 El deporte

필수어휘

El deporte

el ejercicio físico	운동
el atletismo	육상경기
el atleta	운동선수
los deportes acuáticos	수상스포츠
los deportes de riesgo	위험한 스포츠
el deporte extremo	익스트림 스포츠
el bádminton, el volante	배드민턴
el baloncesto (el básquetbol)	농구
el béisbol	야구
el boxeo	복싱
el buceo	잠수
el ciclismo	사이클
la equitación	승마
la esgrima	펜싱
el esquí acuático (alpino)	수상 (알파인) 스키
el fútbol (futbol)	축구
la gimnasia	체조
el baile aeróbico	에어로빅 댄스
el golf	골프
el hipódromo	경마장
el velódromo	벨로드롬
el hockey sobre hierba	필드하키
el hockey en patines (sobre hielo)	아이스하키

la lucha (libre)	레슬링
el motociclismo	오토바이경기
la natación	수영
el patinaje sobre hielo (ruedas)	아이스 (롤러) 스케이팅
el remo	조정
el rugby	럭비
el snowboard	스노우보드
el tenis	테니스
el tenis de mesa	탁구
el tiro con arco	양궁
el toreo, la corrida de toros	투우
el vóleibol (bólibol, balonvolea)	배구
el partido	경기 (구기 등)
la pelea	경기 (격투기)
el maratón	마라톤
el torneo	토너먼트
el deporte de pelota, el juego de balón	구기경기
el estadio	스타디움, 경기장
la cancha	코트
la arena	백사장, 원형경기장, 투우장
el fan, los fans, el seguidor, el admirador, el aficionado, los hinchas	팬
el campeón, la campeona	챔피언
el campeonato	챔피언쉽
el deportista	운동선수
el espectador	관중
el gimnasio	체육관
los Juegos Olímpicos, las Olimpi(í)adas	올림픽

los Juegos Olímpicos Asiáticos	아시안게임
la Copa Mundial (del Mundo)	월드컵
el juego limpio	페어 플레이
el árbitro	심판
la eliminatoria	예선전
los cuartos de final	준준결승전 (8강전)
las semifinales	준결승전 (4강전)
el (la) semifinalista	준결승전 진출자
la final	결승전
el (la) finalista	결승전 진출자
el (la) alpinista	등산가
el monitor	모니터
el entrenador, el técnico	코치
el (la) fisioterapista	물리치료사
la pelota, el balón	공
la raqueta	라켓
el boxeador	복서
el jugador	선수

Otras expresiones

el silbato	휘슬
la rivalidad	라이벌의식
la competencia	경쟁
la destreza	묘기, 기술
el autogol	자살골
el delantero centro	센터 포드
el centrocampista	하프백

el portero, el arquero, el guardameta	
	골키퍼
el saque de banda	드로우 인
el saque de esquina	코너 킥
fuera de juego	오프 사이드
el tiro libre	프리 킥
el tiro penal, el penalti	페널티 킥
la selección nacional	국가대표
el capitán	주장
el reportero deportivo	스포츠 담당 기자, 리포터
el deporte de contacto físico y brutal	
	신체 접촉이 많은 과격한 스포츠
ganar (perder) partido	게임에 이기다 (지다)
el equipo favorito	좋아하는 팀
levantar pesas	역기를 들다
practicar el ciclismo	사이클을 하다
ocupar el primer lugar	우승을 하다
mantenerse en buena condición física	
	좋은 몸 상태를 유지하다
desarollar el sistema muscular	근육 조직을 발달시키다.

응용표현

1 El deporte constituye un hecho social de primera importancia en el Mundo civilizado: agrupa a un número muy grande de personas que lo siguen en vivo o por los medios masivos y genera una pasión que es única entre sus seguidores.

2 El ejercicio físico mejora la función mental, la autonomía, la memoria, la rapidez, la 'imagen corporal' y la sensación de bienestar, y se produce una estabilidad en la personalidad caracterizada por el optimismo, la euforia y la flexibilidad mental.

3 Los Juegos Olímpicos u Olimpiadas son eventos deportivos multidisciplinarios en los que participan atletas de diversas partes del mundo. Existen dos tipos de Juegos Olímpicos: los Juegos Olímpicos de Verano y los Juegos Olímpicos de Invierno, que se realizan con un intervalo, entre ellos, de cuatro años. La organización encargada de la realización de los mismos es el Comité Olímpico Internacional (por su abreviatura, COI).

4 El fútbol, también llamado futbol, balompié o soccer, es un deporte de equipo jugado entre dos conjuntos de 11 jugadores cada uno y un árbitro que se ocupa de que las normas se cumplan correctamente. Es ampliamente considerado el deporte más popular del mundo.

5 Los jugadores de fútbol deben ser capaces de controlar los balones que reciben. La forma más fácil suele ser parar la pelota; en este caso, el balón debería ser situado en la posición ideal para el próximo toque.

6 La Copa Mundial de la FIFA, también conocida como Copa Mundial de Fútbol, Copa del Mundo o Mundial, o Copa FIFA del Mundo, cuyo nombre original fue Campeonato Mundial de Futbol, es el torneo internacional de fútbol masculino a nivel de selecciones nacionales más importante del mundo.

7 El tenis es un deporte que se practica en un terreno llano, rectangular, dividido por una red intermedia, jugado con raquetas que se disputa entre dos jugadores (individuales) o entre dos parejas (dobles) y el cual consiste

en golpear la pelota con la raqueta para que vaya de un lado al otro del campo pasando por encima de la red.

8 El ciclismo urbano no es necesariamente un deporte, aunque favorece la salud de quien lo practica. Consiste en la utilización de la bicicleta como medio de transporte urbano, ya sea al trabajo, de compras, para hacer gestiones o de ocio; se trata por tanto de distancias cortas o medias recorridas en medio urbano y sus alrededores.

9 La natación suma a los beneficios típicos de todos los deportes, la actividad de hacer ejercicio sin impactos, el gran desarrollo aeróbico y la implicación de todos los grandes grupos musculares. También aporta seguridad y su facilidad facilita su práctica a personas que por distintos motivos no pueden practicar otros deportes.

문형연습

1. ~에 다가가다 / ~으로부터 멀어지다

acercarse a ~ / alejarse de ~

1) 한 여성이 승리한 팀의 센터포드에게 다가가 키스를 했다.

2) 농구 경기의 예선전에서 심판의 판정에 불복한 많은 팬이 경기장을 떠났다.

3) 우리가 경기장에 다가감에 따라 경기를 관람하는 관중의 함성이 들렸다.

2. 다시 ~ 을 하다

volver a + infinitivo

1) 나는 다시는 경마장에 가지 않겠다.

2) 그 늙은 변호사는 다시는 스키를 타지 않았다.

3) 내 여자 친구는 다시는 투우를 보지 않는다.

3. ~ 에게 (~ 하는 데) 겁을 내다

tener miedo a (de) ~

1) 그 권투선수는 시합하기를 겁낸다.

2) 초등학교에서 수영을 배웠을 때 나는 물을 무서워했다.

3) 패배한 그 팀의 골키퍼는 볼을 무서워한다.

4. ~ 수준으로

al nivel de ~ / estar al nivel de

1) 이 축구 팀은 최고 수준의 팀 전력을 갖추고 있었다.

2) 콜롬비아 국가대표는 에스파냐 국가대표보다 수준이 떨어진다.

3) 우리가 만약 로마에서 치른 결승전 같은 수준으로 경기한다면, 내일 맨체스터 팀을 이기지 못할 것이다.

5. ~이 아니라 ~이다

no ~ sino (que) ~

1) 배구선수들이 아니라 야구선수들이 도착했다.

2) 이 선수는 훈련을 하기보다는 쉬고 싶어 할 것이다.

3) 그 코치는 챔피언을 따라가지 않고 뒤에 머물렀다.

연습문제

1. 수많은 스포츠 담당 기자들이 이번 올림픽의 마라톤대회에서 우승한 선수를 인터뷰하기 위해 그에게 몰려들었다. 그 선수는 경쟁심이 바로 승리의 요인이라고 말했다.
   entrevistar (hacer una entrevista)

2. 많은 관중이 그 젊은 체조 선수의 환상적인 묘기를 다시 보고자 했지만 그녀는 말없이 체육관을 떠났다. 관중들은 자리에서 일어나 박수를 쳤다.
   gimnasta, la destreza (habilidad) fantástica (exquisita)

3. 어제 잠실 체육관에서 프로 농구 경기가 열렸다. 내가 응원하는 팀이 96대 75로 졌지만, 그 팀의 주장이 페어플레이 상을 받았다.
   el Premio al Juego Limpio

4. 젊은이들은 역동적인 운동을 선호한다. 그렇기 때문에 한 곳에서 역기를 들기보다 자전거를 타고 돌아다니려고 한다. 모든 운동은 인간의 몸과 마음이 원활하게 기능하도록 해준다.
   armoniosamente

5. 일부 운동선수는 경기에서 지는 것을 싫어하고, 지면 분해한다. 그리고 다시는 그 경기에 대해 생각하지 않는다.

lamentarse mucho, sentir indignación (sentirse indignado)

6. 한국인들은 태권도, 배드민턴, 레슬링, 양궁, 스케이팅 같은 스포츠에서 두드러지고 배구, 축구, 농구, 테니스 등의 구기 종목에서는 두각을 나타내지 못한다.

distinguirse, sobresalir

7. 중국 국민들은 암에 걸린 사실도 모른 채 이번 아시안 게임 승마 경기에서 금메달을 획득한 그 여자 선수를 칭찬했다.

sufrir (tener) un cáncer

8. 수영은 노인들에게 권장할 만한 운동들 가운데 하나다. 모든 근육 조직을 균형 있게 발달시켜 몸 상태를 좋게 유지시켜주기 때문이다.

equilibradamente

9. 과거에는 여성들이 신체적 접촉이 많은 격렬한 운동을 좋지 않다고들 생각했다. 하지만 최근에는 젊은 여성들이 남성들과 똑같은 운동을 한다. 대표적인 것이 바로 복싱과 축구다.

el ejercicio (deporte) violento

10. 스페인과 일부 중남미 국가에서는 사람들이 축구와 더불어 잠에서 깨어나고 축구와 더불어 잠든다고 할 정도로 축구는 인기 있는 스포츠다. 광적인 팬들이나 축구 선수가 되고자 하는 어린이들에게 축구는 삶이다.

los fanáticos, el fútbol es la vida

La gastronomía 9과

제 9 과 La gastronomía

필수어휘

Las verduras y frutas

la coliflor	꽃양배추 (콜리플라워)
el espárrago	아스파라거스
el melocotón, el durazno	복숭아
el pepino	오이
la cebolla	양파
la espinaca	시금치
la soja, la soya	콩
la mandarina	귤
la manzana	사과
la naranja	오렌지
el limón	리몬
la fresa	딸기
la pera	배
la sandía	수박
la uva	포도
la berenjena	가지
la hortaliza, la verdura	채소
la lechuga	상추
el ajo	마늘
el ají, el pimiento chile	고추
el ajonjolí	깨
los cereales	시리얼
la almendra	아몬드

Los pescados y mariscos

la langosta	가재
el calamar	오징어
el pulpo	낙지
el camarón	새우
el bacalao	대구
el atún	참치
la merluza	명태
la caballa	고등어
la anchoa	멸치
la sardina	정어리
la trucha	송어
el salmonete	숭어
la almeja	대합조개

Las carnes, caza y embutidos

el jamón	하몬
el chorizo	초리소
la salchicha	살치차
la morcilla	순대
el beicon, el bacón, el tocino, la tocineta	베이컨
la carne de buey (res, vaca), la carne de vacuno	쇠고기
la carne de ternera (cordero, cabra, jabalí, conejo)	송아지 (양, 염소, 멧돼지, 토끼) 고기

Las especias

el azafrán	샤프란
la pimienta	후추
la hierba aromática	향초, 허브
la hoja de laurel	월계수 잎
el romero	로즈메리
la canela	계피
la vainilla	바닐라

Los dulces y postres

el pastel	케이크
el mazapán	아몬드과자
el turrón	뚜론
el chocolate	초콜릿
el helado	아이스크림

Las bebidas

el aguardiente	소주
el coñac	코냑
el jerez	헤레스
el ron	럼
el té	차
el jugo, el zumo	즙, 액, 주스
la gaseosa, el refresco, la bebida carbonatada	청량음료
el vino	와인
la cerveza	맥주

la horchata de arroz	쌀 오르차따
la leche	우유
la manzanilla	만사니야, 캐모마일, 카밀레
la sangría	상그리아
el anís	아니스

Las comidas

el desayuno	아침식사
el almuerzo	점심식사
la cena, la comida	저녁식사
el aperitivo	아페리티프
el fiambre	차갑게 먹는 요리
el arroz con pollo	닭고기 볶음밥
el bistec	비프스테이크
el bocadillo, el sándwich	샌드위치
el cev(b)iche	세비체
el churrasco	추라스꼬 (바베큐 스테이크)
el cocido	스튜, 찜
el consomé	콩소메
el caldo	맑은 국, 육수
el huevo frito	프라이드 에그
el huevo revuelto	스크램블 에그
el pollo frito	닭튀김
el postre	후식
el puchero	뿌체로 (냄비 스튜)
el queso	치즈
el taco	따꼬
la carne asada, el asado	구운고기

el churrasco	추라스꼬 (스테이크)
la chuleta	출레따 (갈비 부위)
la costilla	갈비
el lomo	등심
la panceta	삼겹살
la empanada	엠빠나다 (만두)
la ensalada	샐러드
la paella	빠에야
la sopa	수프
la tortilla	또르띠야 (오믈렛)
las tapas	따빠스, 술안주
la hamburguesa	햄버거

Los ingredientes

el aceite	식용유
el azúcar	설탕
el vinagre	식초
la fécula	녹말
la harina	가루
la mayonesa	마요네즈
la mostaza	겨자
la sal	소금
la salsa de tomate (ketchup)	토마토 소스 (케첩)

La cubertería

el mantel	식탁보
el cubierto	포크, 나이프, 스푼 등 식탁용 날붙이 (커틀리)

los cuchillos	나이프
las cucharas	스푼
los tenedores	포크
la taza	잔
el vaso	컵

Otras expresiones

el asador	고기구이 전문식당
el (la) cocinero(a)	요리사
la pasta	파스타
el fideo	국수
el gastrónomo	미식가
la nutrición	영양
la alimentación	영양 (음식) 섭취
el saborizante, el condimento	조미료
la digestión	소화
la dieta	다이어트, 식이요법
el vegetarianismo	채식주의
el vegetariano	채식주의자
sabroso, rico, delicioso	맛있는
jugoso	즙이 많은
salado	소금에 절인
el apetito	식욕
la proteína	단백질
la grasa	지방질
la vitamina	비타민
el filete	저민 살코기
la receta	조리법

el aromatizante	향료
la merienda	스낵
el pincho	삔초 (꼬치요리)
la olla	솥
el horno	오븐
la cazuela de barro	질냄비, 뚝배기
la fritura	튀김요리
la condimentación	양념
el arte culinario	조리 기술, 조리법
la carne (el pescado) a la parrilla	그릴에 구운 고기 (생선)
a la plancha	석쇠 (누름) 구이
a la brasa	숯불 구이
apetecerle a alguien, entrarle hambre	식욕이 당긴다.

응용표현

1 Gastronomía es el estudio de la relación del hombre con su alimentación y su medio ambiente. Gastrónomo es la persona que se ocupa de esta ciencia. A menudo se piensa erróneamente que el término gastronomía únicamente tiene relación con el arte culinario y la cubertería en torno a una mesa.

2 El término cocina encierra un gran conjunto de métodos, herramientas e ingredientes para mejorar el sabor o digestión de los alimentos. La técnica del cocinado, llamado arte culinario, generalmente requiere la selección, medición y combinación de ingredientes en un proceso ordenado para lograr el resultado deseado.

3 La comida diaria de los coreanos está fundamentada en el arroz, verduras, pescados, mariscos y el *dubu* (en coreano). Lo que se conoce como 'comida coreana' son típicamente los platos que se sirven como acompañamiento al arroz.

4 Existe la costumbre de incluir el pescado en la mayoría de los menús españoles. Un pescado habitual es el bacalao, que suele aparecer con variantes en casi todas las cocinas regionales. A veces se encuentra en salazón, existiendo tiendas dedicadas exclusivamente a su venta.

5 El jamón forma parte del fiambre español. Entre las carnes cabe decir que el consumo de carne de cerdo está muy extendido por el territorio, siendo España uno de los mayores consumidores (y productores) de esta carne en la Unión Europea. Existe una raza autóctona: el cerdo ibérico, que es muy valorada.

6 El sur de España posee una larga tradición de vinos generosos, como el jerez y la manzanilla. Una bebida a base de vino que se ha popularizado hasta el extremo de ser demandada por los turistas es la sangría, además del tinto de verano en algunas regiones.

7 La cocina latinoamericana se ve influenciada, en primer lugar, por las recetas precolombinas de los indígenas y por las raíces españolas, después, por las inmigraciones de italianos y asiáticos.

8 La gastronomía de México se caracteriza por su gran variedad de platillos y recetas, así como por la complejidad de su elaboración. Es reconocida por sus sabores distintivos y sofisticados con gran condimentación.

9 La carne vacuna es por excelencia la base alimentaria en Argentina. El asado (a la parrilla) constituye un verdadero ritual en reuniones familiares durante los fines de semana.

10 En el Perú, el ceviche es un plato tradicional, de amplio consumo y altamente valorado, al punto de ser considerado formalmente como patrimonio cultural de la nación. Su historia se remonta a épocas precolombinas. El plato es servido en un tipo de restaurante conocido como cevichería.

문형연습

1. 체중을 줄이다 (늘이다)

bajar (subir) de peso

1) 나는 체중을 줄이기 위해 식이요법을 계속하고 있었다.

2) 체중을 늘리기 위해서는 식사를 많이 하고 잠을 잘 자야 할 것이다.

3) 별 이유 없이 체중이 주는 것은 건강의 적신호다.

2. ~과 관계가 있다

tener relación con ~

1) 칠레의 포도주는 칠레의 기후와 밀접한 관계가 있다.

2) 스페인의 하몬은 질 좋은 돼지고기와 관계가 있다.

3) 독한 술은 각종 질환의 원인이 될 수 있다.

3. ~을 이루다. ~을 형성하다

formar parte de ~

1. 음식이 인간의 삶을 이룬다.

2) 따꼬는 메히꼬의 대표적인 음식이다.

3) 리몬 즙은 세비체를 만드는 데 사용되는 재료다.

4. ~에 유포되어 있다

estar extendido por ~

1) 빠에야 조리법은 중남미의 국가들에 유포되어 있다.

2) 이십 세기에는 동양의 향신료들이 전 세계에 퍼져 있었다.

3) 닭고기 볶음밥은 뻬루의 시골 지역에도 전파되어 있다.

5. 늘 ~ 하다

soler + infinitivo

1) 아르헨띠나 요리에 주로 쓰이는 재료는 쇠고기다.

2) 보고따의 젊은이들은 파티에서 늘 소주를 마신다.

3) 내 어머니는 외식할 때 주로 구운 생선을 드신다.

연습문제

1. 체중을 줄이려고 식사를 제대로 하지 않은 것은 매우 위험한 일이다. 음식을 골고루, 적당하게 섭취하면서 운동을 해야 한다.
   variable y adecuadamente

2. 칠레에서 질 좋고 값싼 포도주가 많이 생산되기 때문에 칠레 사람들은 늘 포도주를 마신다. '포도주를 마시지 않으려면 뭐 하러 세상에 태어났느냐?'는 속담이 있다.
   El que al mundo vino y no toma vino, ¿a qué vino?

3. 당신들 한국 사람은 일반적으로 고기를 완전히 익혀서 먹습니다. 그러나 우리 미국 사람은 반쯤 익혀서 먹습니다.
   término medio

4. 삶은 감자는 조그맣게 썰고, 사과는 껍질을 벗겨 강판에 간다. 이 둘을 섞어서 냉장고에 보관한다.
   rebanar, rallar

5. 지난 토요일 마드리드에서 가장 유명한 요리사의 딸 셋이 근교로 소풍을 갔다. 아버지는 딸들을 위해 치즈 샌드위치와 생선 만두, 오렌지 주스를 준비해 주었다. 딸들은 가게에서 맥주 여섯 병을 샀다.

6. 나는 지난 일요일 어머니를 대신해 아침식사로 콩소메를 준비하고, 형은 점심식사로 새우 파스타를 준비했다. 우리는 맛있는 음식을 통해 좋은 가족관계를 유지한다.
   mantener buena relación familiar

7. 나는 빵집을 보기만 해도 군침이 돈다. 특히 마늘과 양파를 이용해 만든 빵은 내 식욕을 강하게 자극한다.
   la saliva empieza a formarse en la boca

8. 건강에 좋고 맛있는 요리를 만들려면 채소, 과일, 어패류, 고기 등을 골고루 사거라. 조리를 할 때는 각종 향신료를 적당하게 사용해라. 하지만 소금을 지나치게 많이 치지 말거라.

especie de peces y conchas

9. 우리는 오늘 저녁에 어머니와 가정부가 준비한 대구와 쇠고기를 먹었다. 그녀들이 조리를 잘하기 때문에 음식이 아주 맛있었다. 후식으로 사과나 포도 같은 과일을 먹었다.

10. 내 남편은 우리의 결혼기념일을 축하하기 위해 수도의 외곽에 위치한 분위기 좋은 식당으로 나를 초대해서 맛있는 저녁식사와 감미로운 와인을 사 주었다. 우리는 아이스크림 가게에서 딸기 아이스크림도 먹었다.

aniversario nupcial (de boda, de casamiento)

El medio ambiente 10과

제10과 El medio ambiente

필수어휘

La naturaleza

los recursos humanos	인적자원
la fauna	동물군
las fuentes de energía	에너지원
la flora	식물군
la biodiversidad	생물 다양성
el medio ambiente	환경
la plataforma continental	대륙붕
la supervivencia	생존
el animal salvaje	야생동물
la planta silvestre	야생식물
el animal doméstico (de compañía)	애완동물
el animal domesticado	가축
el animal amaestrado	조련된 동물
el coral	산호
los arrecifes coralinos	산호초

La contaminación

la contaminación del aire	대기 오염
la lluvia ácida	산성비
el índice de la contaminación del aire	대기 오염 지수
la niebla	안개

la reducción de la capa de ozono	오존층 감소
el esmog	스모그
la contaminación del agua	수질 오염
la eutrofización	부영양화
la hipoxia	산소 결핍
la contaminación marina	해양 오염
la acidificación marina	해양 산성화
el derrame de petróleo	기름 유출
la contaminación del barco	선박 오염
la epidemia transmitida por el agua	수인성 전염병
la calidad de agua	수질
la contaminación del suelo	토양 오염
la herbicida	제초제
la pesticida agrícola	농약
el insecticida	살충제
el incendio forestal	산불
la aridez	건조함
la erosión de suelo	토양 침식
la sequía	가뭄
la degradación de suelo	토양 퇴화
el deterioro	황폐화

Los dispositivos de control

el coche eléctrico	전기 자동차
los bonos de carbono	탄소배출권
la economía de bajo carbono	저탄소 경제
el impuesto sobre el carbono	탄소세

el convenio de derechos de emisión	배출권 협약
el mecanismo de desarrollo limpio	청정개발 메커니즘
la energía renovable	재생에너지
el negocio verde	그린 비즈니스
la energía verde	그린 에너지
la industria de crecimiento verde	녹색성장산업

El calentamiento global y el cambio climático

la Convención de Cambio Climático	기후변화협약
la capa de ozono	오존층
clorofluorocarbonos (CFC)	염화플루오르 (불화탄소), 프레온 가스
el combustible fósil	화석연료
la deforestación	산림황폐화
la desertificación	사막화
el deshielo	해빙
el dióxido de azufre	아황산가스
el dióxido de carbono (CO2)	이산화탄소
el ecosistema	생태계
el efecto invernadero	온실 효과
el enfriamiento global	지구 한랭화
la eficiencia energética	에너지 효율
el esmog fotoquímico	광화학 스모그
los estándares de emisión	배출 기준
el fluorocarbono	탄화플루오르 (과불화탄소)
el gas de (efecto) invernadero	온실가스
el glaciar	빙하

la mancha solar	태양의 흑점
el metano	메탄
el monóxido de carbono	일산화탄소
el monóxido de nitrógeno	일산화질소
el niño	엘니뇨
la oxidación	산화
las precipitaciones	강수량
el Protocolo de Kyoto	교토 의정서
las rayosultravioletas (UV)	자외선
el reciclaje (reciclado)	재활용
la reducción del carbono	탄소 감축

응용표현

1 La ONU pide en el Día Mundial del Medio Ambiente a los países, empresas y comunidades que se centren en buscar modos para reducir las emisiones de gases de efecto invernadero.

2 El 5 de junio de cada año se dedica a la concienciación sobre la necesidad de proteger el entorno natural. Así lo decidió en 1972 la Asamblea General de Naciones Unidas, coincidiendo con la celebración de la Conferencia de Estocolmo que condujo a la creación del PNUMA, el Programa de la ONU para el Medio Ambiente, con sede en Nairobi.

3 Los pobres serán los más afectados por los desastres producidos por los fenómenos atmosféricos y por la enorme inflación de los precios de los alimentos básicos, pero incluso las naciones más ricas se enfrentan a la

perspectiva de una recesión económica y a un mundo en conflicto en que se lucha por poseer los recursos en disminución.

4 Los ministros para el Medio Ambiente del Reino Unido, Alemania y Francia hacen hoy un llamamiento conjunto a los gobiernos europeos para que se fijen un objetivo más ambicioso de reducción de las emisiones que contribuyen al efecto invernadero.

5 En la actualidad, los científicos afirman que la mayor parte del calentamiento global se debe a la emisión de gases de efecto invernadero procedentes de combustibles que utilizan los automóviles y la industria.

6 La sequía ocurrida el año pasado en la Amazonia plantea una interrogante: ¿Será posible que la región continúe teniendo capacidad para absorber grandes cantidades de dióxido de carbono?

7 Para luchar contra el cambio climático, la ONU señala que sólo se necesita invertir un 1 por ciento del Producto Interior Bruto, una cantidad moderada teniendo en cuenta que ayudará a resolver un problema que amenaza la supervivencia del planeta.

8 Un nuevo informe de Naciones Unidas indica que los aparatos electrónicos descartados, como computadoras y teléfonos móviles, representan una importante amenaza para el medio ambiente y la salud pública.

9 Hay ciudades grandes que han logrado reducir drásticamente sus registros de contaminación atmosférica sin grandes traumas. Son aquellas que han acometido planes integrales con rigor y determinación.

10 La ciencia tiene un reto fundamental, conseguir una energía limpia, barata, inagotable, que llegue a todas partes en mayor o menor intensidad y no cree desigualdades como el petróleo.

문형연습

1. ~ 과 싸우다, 겨루다

luchar contra ~

1) 기후변화에 맞서기 위해 유엔은 회원국들에게 GDP의 1%를 투자하라고 권고한다.

2) 환경오염에 맞서기 위해서는 각 가정에서 쓰레기 분리수거를 실천해야 한다.

3) 지구온난화에 맞서기 위해 전 세계적으로 온실가스를 줄이려고 애쓴다.

2. ~ 에 기인하다

deber(se) a ~

1) 기후변화의 원인은 이산화탄소와 다른 온실가스의 배출이다.

2) 탄소배출의 증가는 산림벌채로 인한 것이다.

3) 대기오염은 자동차에서 배출되는 이산화탄소 때문이다.

3. ~ 이 실행되다, 이루어지다

llevar(se) a cabo ~

1) 수질오염에 대한 연구가 활발하게 이루어진다.

2) 오존층 파괴 원인에 대한 회의가 종료되었다.

3) 대기오염에 대한 조사가 진행 중이다.

4. ~ 을 증명하다

poner en evidencia ~

1) 과학자들은 빙하가 점점 녹고 있다는 것을 증명했다.

2) 한 연구는 지구 표면의 평균온도가 상승한다는 사실을 증명했다.

3) 화석연료가 지구온난화의 원인들 중 하나임이 증명되었다.

5. ~ 에 적응하다

adaptar(se) a ~

1) 우리는 경제발전으로 인한 환경의 변화에 적응해야 한다.

2) 정부는 가난한 사람들이 환경 악화에 적응하기 위해 사용하는 전략에 도움을 주어야 한다.

3) 다른 나라로 이민을 가면 그 나라의 문화에 적응해야 한다.

연습문제

1. 인간이 탄소 기반 에너지에 의존함으로써 대기에는 상당량의 온실가스가 축적되고 있다. 지구 온난화는 온실가스의 증가로 생긴 현상이다. 지구 온난화의 해결방법은 온실가스 배출을 줄이는 것이다.
   la dependencia de la energía basada en el carbono

2. 기후변화 문제 해결을 위한 투자는 수백만 명의 녹색고용을 창출하고 녹색성장을 촉진한다.
   el empleo verde

3. 재활용은 환경을 보존하기 위해 필수적이기 때문에 학교에서 재활용 교육을 강화해야 한다.
   reciclaje, reciclar

4. 온실가스의 배출을 감축하는 것이 기후변화의 속도를 늦추는 데 충분하지 않을 수 있다.
   disminuir la emisión

5. 전자 폐기물은 귀금속을 보유하고 있다. 쓰레기 처리장에서 일하는 사람들은 전자 폐기물에서 알루미늄이나 구리를 추출한다. 일부 선진국은 전자 폐기물을 제3세계 국가에 판매한다.
   los desechos electrónicos, los valiosos metales

6. 'Environmental Science and Technology'에 실린 어느 연구는 세계적인 벌채와 도시화가 지구온난화 과정에 미치는 영향을 고려할 것을 제안한다.
   la deforestación global, la urbanización

7. 저지대의 도시들은 홍수의 영향을 받고, 비옥한 토양은 사막이 되고, 기후는 점점 더 예측하기 어렵게 된다.

las zonas bajas, el terreno fértil

8. 어떻게 보면 아마존 생태계의 메커니즘은 간단하다. 나무는 죽어서 썩어버리면 공기 중의 Co_2를 더 이상 흡수할 수 없다.

pudrirse, absorber

9. 중요한 도전과제 중에는 전자회사들이 청정(淸淨) 상품을 더 좋게 디자인하고 소비습관에 관해 사람들에게 교육하는 것이 포함된다.

los productos limpios, los hábitos consumistas

10. 전자기기는 금속성분과 매우 강력한 유독성분을 포함하고 있어서 재활용하기가 복잡하다. 일부 국가에서는 이런 폐기물을 함부로 소각하기 때문에 대기에 유독가스가 배출된다.

los aparatos electrónicos, los elementos tóxicos, los gases venenosos

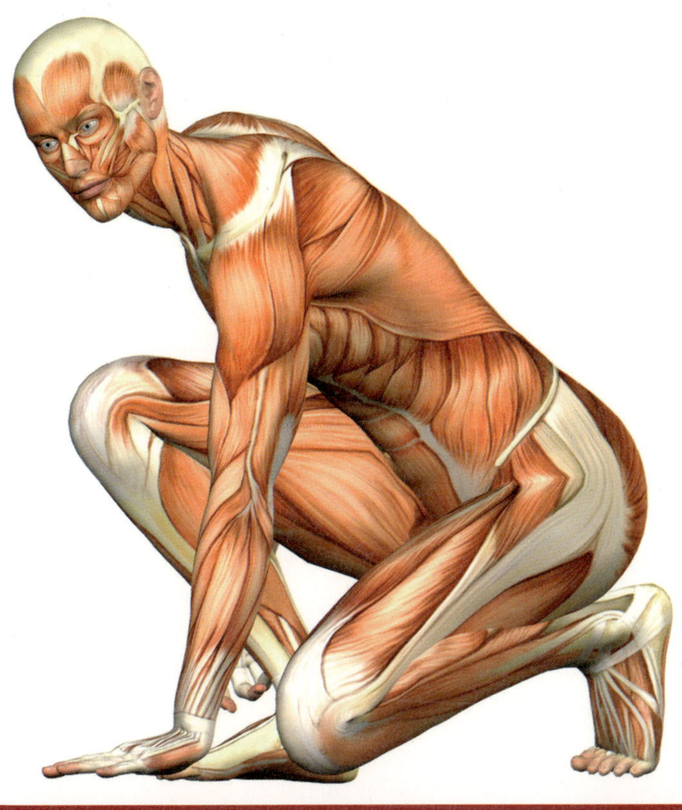

El cuerpo humano 11과

제11과 El cuerpo humano

필수어휘

El cuerpo humano

la cabeza	머리
la cara, el rostro	얼굴
los ojos	눈
la pupila	눈동자
las pestañas	속눈썹
las cejas	눈썹
los párpados	눈꺼풀
el iris	홍채
el bizco	사팔뜨기
la frente	이마
la nariz	코
las orejas	귀
el ceño	찡그린 얼굴
los hoyuelos	보조개
el cuello	목
la nuca	목덜미
el cerebro	뇌
el cráneo	두개골
la mejilla	볼, 뺨
las sienes	관자놀이
la piel	피부, 가죽
la peca	주근깨
el grano, el granujo, el comedón, la espinilla	여드름

la boca	입
el labio	입술
la lengua	혀
el diente	이, 치아
el molar, la muela	어금니
el colmillo, el diente canino	송곳니
el diente de embustero	뻐드렁니
el diente de leche	젖니
el diente postizo	틀니, 의치
la encía	잇몸
la garganta	목구멍
la barba	턱, 턱수염
la barbilla	턱끝
el bigote	콧수염
la patilla	구레나룻
la arruga	주름(살)
el pelo	머리(카락)
el pelo lacio	곧은 머리
el pelo rizado	곱슬머리
el pelo ondulado (quebrado)	반곱슬머리
el cabello	머리칼, 머리카락
las trenzas	세 가닥으로 꼬아 딴 머리
la saliva	침
las lágrimas	눈물
la caspa	비듬
la mano	손
el dedo	손가락
la uña	손톱
el dedo pulgar	엄지
el dedo índice	검지

el dedo cordial, el dedo del corazón	중지
el dedo anular	약지
el dedo meñique (menique)	새끼손가락
la axila, el sobaco	겨드랑이
el hombro	어깨
el brazo	팔, 팔뚝
el codo	팔꿈치
la espalda	등
el pecho	가슴
el tórax	흉부
el tronco, el torso	몸통
el abdomen, la barriga, el vientre	복부
la cintura	허리
la espina dorsal, la columna vertebral	척추
el costado, el lado	옆구리
la cadera	궁둥이
la pelvis	골반
el muslo, la horcajadura	사타구니, 허벅지
la rodilla	무릎
la articulación	관절
la pantorrilla	종아리
el pie	발, 다리
la pierna	다리, 정강이
el dedo del pie	발가락
el talón	발뒤꿈치
el tobillo	발목
el hueso	뼈
el esqueleto	해골, 골격
la costilla	늑골

la sangre	피, 혈액
la vena	정맥, 혈관
la arteria	동맥
los vasos capilares	모세 혈관
el corpúsculo de la sangre	혈구
el suero	혈청
la hemoglobina	헤모글로빈
la célula	세포
el germen	세균
el nervio	신경
la hormona	호르몬
la neurona	신경 세포
el neuraxón	신경 돌기
el músculo	근육
el bíceps	이두근
el tendón de Aquiles	아킬레스 건
el corazón	심장
el hígado	간
el estómago	위, 복부
el pulmón	폐, 허파
el riñón	신장
los intestinos, las entrañas, las vísceras	내장
el duodeno	십이지장
el intestino ciego	맹장
el intestino delgado	소장
el intestino grueso	대장
los órganos genitales	생식기
la matriz, el útero	자궁
el ano	항문

Otras expresiones

hacer gestos	몸짓을 하다
morderse los labios	입술을 깨물다
fruncir la boca (nariz)	입(코)을 이상하게 움직이다
tocar con las manos	손대다
comerse las uñas	손톱을 깨물다
arrugar la frente	이마를 찌푸리다
ponerse de rodillas	무릎을 꿇다
sufrir un esguince de tobillo	발목을 삐다
palidecer	창백해지다
ponerse lívido (pálido)	창백해지다
enrojecer, ruborizarse	얼굴을 붉히다
palpitar	가슴이 두근거리다, 맥박 치다
parpadear	눈을 깜박거리다
guiñar un ojo	윙크하다
reir, sonreir	웃다, 미소 짓다
soltar una carcajada	웃음을 터뜨리다
cabecear	꾸벅꾸벅 졸다
roncar, hacer ruido ronco	코를 골다
dar (una) bofetada	뺨을 때리다
escupir	침을 뱉다
estornudar	재채기를 하다
la cursilería	꼴불견 짓
hacer muecas	찡그린 얼굴을 하다
hacer pucheros	울상을 짓다
lloriquear	찔찔 울다, 훌쩍거리다
orinar, hacer pis	소변을 보다
hacer pipí (caca)	유아가 오줌(똥)을 누다
tomar el pelo	놀려주다, 야유하다

응용표현

1 En los valles selváticos donde se sitúa la frontera entre Myanmar y Tailandia, habita una tribu típica llamada Karen. Allí las mujeres de cuello alargado y de cabello adornado se han convertido en atracción turística.

2 A medida que progresa la enfermedad de Alzheimer, el funcionamiento del cerebro humano se reduce gradualmente y las células de él se deterioran. Las personas que llegan a edades avanzadas sin sufrir una enfermedad del cerebro participan normalmente en las actividades de la vida cotidiana.

3 En las mujeres, la grasa tiende a acumularse en las regiones bajas, alrededor de las caderas, y los muslos. En el caso del hombre, acumula grasa en el área del abdomen (panza) y es más riesgosa para la salud.

4 Mantener buena salud sirve para restaurar el volumen sanguíneo y mejorar la hemoglobina y la capacidad de transporte de oxígeno. Es muy necesario hacer deportes constantemente porque el volumen de sangre que es capaz de bombear disminuye con la edad.

5 La columna vertebral se llama también el eje central o el troncal. Dentro de la organización de las redes corporales, ésta ocupa el nivel más elevado. En el eje troncal pueden surgir desviaciones por golpes, malas posturas, enfermedades genéticas, etc.

6 El acto de estornudo es arrojar con estrépito por la nariz y la boca el aire inspirado de manera involuntaria, provocada por un estímulo. A veces, pese a que están mantenidos bastante fríos o húmedos, los reptiles estornudan por varias infecciones respiratorias.

7 Hemos visto un rostro viejo, muy arrugado, que nada expresaba. Al verlo no poder guiñar un ojo, se nos ocurrió la idea de que sufriría cualquier tipo de vicisitud en su vida.

8 Los orientales tienen el pelo lacio. En cambio, los occidentales tienen el pelo quebrado. Pero esta división no se aplica con exactitud en las zonas muy mezcladas. Por ejemplo, en Puerto Rico la categoría racial blanca es muy distinta a la de EE.UU. Si uno tiene la piel clara, pelo lacio, etc., es un puertorriqueño blanco.

9 En un lugar plagado de gente se deben poner las manos en frente de la boca y nariz para que los gérmenes no pasen al aire. Pero con esta técnica es posible transmitir los gérmenes a las manos. Éstos, a su vez, se desplazan a otras superficies como las de los móviles por contacto, y la siguiente persona se puede infectar al tocarlos.

10 En la antigüedad, el universo fue considerado como un hombre y, a la inversa, el hombre como un universo en miniatura. El mayor universo llamado "el Macrocosmos" fue una noción superior que excede al cuerpo humano o el universo humano individual, llamado "el Microcosmos".

문형연습

1. 인체에 관련된 다양한 표현

ponerse, comerse ~ + 인체 부위 / 자동사 활용

1) 그는 손톱을 깨물더니 낮은 목소리로 단호하게 말했다.

2) 로베르또는 떼레사를 보면 가슴이 두근거리고 얼굴은 창백해진다.

3) 그녀의 꼴불견 짓이 참석자들의 웃음을 유발했다.

2. 제공하다, 공급하다

suminístrar / abastecer (de) / proveer (de) / surtir (de)

1) 혈관은 인체가 필요로 하는 영양소를 공급해 준다.

2) 육체 내부의 장기들은 구색이 잘 갖추어져 있다.

3) 호르몬과 비타민이 육신에 활력을 제공해 준다고 알려져 있다.

3. 행위의 장소에 관련된 표현 / 사물, 사람의 위치에 관련된 표현

ser + 장소 / estar + 장소

1) 혼수상태에 빠진 환자를 위한 척추수술이 이 곳에서 이루어질 예정이다.

2) 심신이 약한 노인들을 위한 잔치가 올림픽공원에서 개최되었다.

3) 입술 주위에는 3천 개 가량의 신경세포가 몰려 있다고 한다.

4. 장소에 관련된 부사, 관계부사를 활용하는 경우

aquí, ahí, allí + ser + (명사) + donde /
acá, ahí, allá + estar + 명사 + donde

1) 여기가 내 동생 미겔이 오른편 다리를 삐었던 곳이다.

2) 저기 왼편에 마리아가 나를 놀려댔던 제과점이 있다.

3) 거기가 마누엘이 어젯밤에 코를 골며 잠들었던 잔디밭이다.

5. 장소를 나타내는 예외적 표현들

en + 명사 + ser + donde / ser + en + 명사 + donde

1) 가장 좋은 정보 보관소는 우리의 뇌(腦)다.

2) 저렴하게 치아교정을 할 수 있었던 곳은 한국치과였다.

3) 스페인 집시문화의 정수(精髓)를 볼 수 있는 도시는 세비야다.

연습문제

1. 그 소녀는 저녁 식사를 끝낸 직후에 갑자기 얼굴이 창백해지며 졸도했다. 그녀는 단시일 내에 치유될 수 없는 고통스러운 병을 앓고 있었다.
   desmayarse, incurable y dolorosa

2. 그 탈영병은 머리끝에서 발끝까지 온 몸이 진땀으로 범벅이 되었다. 하지만 안전한 도피처를 찾아 숨을 헐떡이며 앞으로 계속 나아갔다.
   el desertor, de pies a cabeza, jadear

3. 여당의 독주와 야당의 비협조로 정국 상황은 긴박해졌다. 양 정당의 대변인들은 얼굴을 맞대고 이야기를 나눈 뒤 앞으로는 말조심하기로 의견을 모았다.
   cara a cara (frente a frente), medir las palabras

4. 루시아는 어릴 적의 내 소꿉친구였다. 그 아이는 또래보다 키가 작았지만 나를 볼 때마다 상냥한 미소를 머금으며 윙크를 했다.
niños de la misma edad

5. 나는 너무 피곤했기 때문에 집에 도착하자마자 세수도 하지 않고 침대에 엎드려 누웠다. 잠이 들자마자 곧바로 코를 심하게 골았다.
acostarse bocabajo (tenderse boca abajo)

6. 어떤 이들은 단지 그녀의 파란 눈동자와 귀여운 보조개가 매력적이라고만 말한다. 하지만 우리는 그녀의 매력을 다른 시각에서 살펴봐야 한다.
ver la otra cara de la moneda

7. 턱수염을 더부룩하게 기른 한 노인은 무도회가 자기 집 정원에서 열리는 것도 모른 채 거실 소파에 앉아 있었다.
tener una barba bien poblada

8. 이곳이 저명한 상원의원 에르난데스씨가 그저께 밤에 한 저격범으로부터 오른팔에 부상을 입은 장소이다.
el senador, un tirador

9. 점심식사 후 강의시간에 상당수의 학생이 꾸벅꾸벅 졸았다. 수학 교수는 그 광경을 보고 화가 난 듯 밖으로 나갔다.
como / cual / igual que + si

10. 인체는 엄청난 비밀을 지닌 신비한 존재이다. 전문가들의 견해에 따르면 세포는 인체 내부의 가장 작은 조직으로, 그 수는 무려 7조 개에 달한다.
según la opinión de, la cifra (número), un billón de

El comercio 12과

제12과 El comercio

필수어휘

El comercio

el comerciante	상인
el trueque	교환
el intermediario	중개인
la moneda	화폐
la banca	은행업 (은행단)
la globalización	세계화
el comercio mayorista (el comercio al por mayor o comercio al mayor)	도매상
el comercio minorista (el comercio al por menor o comercio al menor)	소매상
el comercio exterior	대외무역
la ventaja comparativa	비교우위
la política arancelaria	관세정책
el contingente	분담금, 할당
la salvaguardia	세이프가드 (긴급수입제한조치)
las cuotas de exportación e importación	수출과 수입 쿼터
Cámara de Comercio Internacional	국제상업회의소
Organización Mundial del Comercio	세계무역기구(WTO)
el comercio justo	공정무역
el proteccionismo	보호주의

Los tipos de comercio

el comercio de exportación y de importación	수출무역과 수입무역
el comercio directo e indirecto	직접무역과 간접무역
el comercio visible y el comercio invisible	유형무역과 무형무역
el comercio de compensación y el comercio de triángulo	구상무역과 삼각무역
el comercio general y el comercio especial	일반무역과 특수무역
el comercio público y el comercio privado	공무역과 사무역
el comercio libre y el comercio protector	자유무역과 보호무역
el comercio terrestre, marítimo y aéreo	육상무역과 해상무역 및 항공무역
el comercio internacional (exterior) y el comercio colonial	국제 (대외) 무역과 식민지무역

La economía internacional

la apreciación	(환시세 등의) 등귀
el capital financiero	금융 자본
la casa de cambio	환전소
la convertibilidad	태환성
la crisis cambiaria	외환 위기
la deuda externa	외채 (대외 채무)
la devaluación	평가 절하
la divisa	외화

la fuga de capitales	자본도피
la interdependencia	상호 의존
la inversión extranjera directa	해외직접투자
la inversión extranjera indirecta	해외간접투자
el mercado cambiario	외환 시장
el paraíso fiscal	조세천국
la regalía	로열티
el régimen cambiario	환율제도
la reserva internacional	국제 준비(금)
la revaluación	평가절상
la revaluación cambiaria	환율 평가절상
el señoreaje	화폐주조세
Sistema Monetario Internacional	국제통화제도
el tipo de cambio	환율
el tipo de cambio fijo	고정 환율
la zona franca	자유 지역

El comercio internacional

el ajuste estructural	구조조정
el arancel	관세
el área de libre comercio	자유무역 지역
la balanza de pagos	무역수지, 국제수지
las barreras no arancelarias	비관세장벽
el comercio libre	자유무역
Compraventa internacional de mercancías	국제물품매매
el dumping	덤핑
el embargo	금수 조치 (통상 금지령)

la exportación	수출
Federación de Asociaciones de Comercio Internacional	국제무역협회연맹
Acuerdo General de Tarifas y Comercio	관세무역일반협정 (GATT)
la guerra comercial	무역 전쟁
la importación	수입
el mercado común	공동시장
Nuevo Orden Económico Internacional	신국제경제질서
la Organización Mundial de Aduanas	세계관세기구
el país de origen	원산지
el tratado comercial	통상조약
la unión aduanera	관세 동맹
la zona preferencial	특혜 무역 지대

El comercio exterior

el Certificado de Origen/Procesamiento	원산지/가공 증명서
el comercio interior	국내무역
la Agencia Coreana para la Promoción de Comercio e Inversiones	대한무역투자공사 (KOTRA)
el comercio	무역
el control de comercio	무역관리
el exportador, el importador	무역업자
los bienes	물품, 재화

el impuesto sobre el valor añadido, IVA	부가가치세
el control cuantitativo	수량제한
los trámites aduaneros de importación	수입통관
la subvención de exportación	수출보조금
la licencia de exportación	수출 면허
las Reglas de Origen	원산지규정
la compañía general de comercio	종합무역상사
la cuota	쿼터
el comercio de tránsito	통과무역

La divisa y la transacción en divisas

Organización para la Cooperación y el Desarrollo Económico	경제협력 개발기구 (OECD)
el cliente	고객
la moneda fuerte	경화(硬貨)
la tasa de referencia	기준율
el sistema de reserva federal	연방준비제도
la liquidez	유동성
el bono convertible (obligación convertible)	전환채권
el bono	채권

El arancel

los aranceles aduaneros	관세
las tasas arancelarias	관세율
las barreras arancelarias	관세장벽
FOB (Franco a bordo)	본선인도가격
CIF (Coste, Seguro y Flete)	운임 보험료 포함가격
el derecho antidumping	반덤핑관세
la zona libre de impuestos	무관세지역
derechos aduaneros protectores	보호관세
el arancel preferencial	특혜관세

Diferentes clases de tiendas

el supermercado	슈퍼마켓
el hipermercado	하이퍼마켓
los grandes almacenes, las galerías	백화점
la panadería	빵 가게
la carnicería	정육점
la pescadería	생선 가게
la florería / la floristería	꽃가게
la joyería	보석 가게
la perfumería	향수 전문점
la librería	책 가게
la relojería	시계 전문점
la platería	은 가게
la mueblería	가구점
la cerrajería	자물통, 열쇠 전문점
la ferretería	철물점
la vidriería	유리점

la sastrería	의류 수선점
la droguería, la farmacia	약국, 약방
la óptica	안경점
la papelería	문구점
la juguetería	완구점
la salchichonería	소시지 전문점
la tienda de ropa para dama (caballero, niño, bebé)	여성 (남성, 어린이, 유아) 의류점
la tienda de vinos y licores (licorería)	주류점
la tienda de cortinas y persianas	커튼과 블라인드 전문점
la tienda de alfombras	카펫 전문점
la tienda de marcos y cuadros	액자 전문점

Las unidades

una pieza (de pan, de tela)	한 조각 (빵, 천)
una hoja (de papel)	(종이) 한 장
una botella (de vino, de aceite)	한 병 (포도주, 기름)
una cajetilla (de cigarros)	한 갑 (담배)
un par (de zapatos, de medias, de guantes)	한 짝 (구두, 스타킹, 장갑)
una rebanada (de jamón, de tocino, de pan)	얇게 썬 조각 (햄, 베이컨, 빵)
una caja (de galletas, de dulces, de refrescos)	한 상자 (과자, 사탕, 음료수)
un paquete (de cigarros, de servilletas)	작은 상자 (담배, 냅킨)

una bolsa (de papas fritas, de cacahuates salados)
한 봉지 (감자튀김, 소금 바른 땅콩)

un rollo (de papel encerado, de papel de aluminio)
한 두루마리 (기름종이, 알루미늄 포일)

una lata (de cerveza, de verduras, de chiles)
한 깡통 (맥주, 야채, 고추)

응용표현

1 La economía internacional es la rama de la ciencia económica que se refiere al estudio de la teoría pura del comercio, las transacciones que realiza un país con el resto del mundo, los aspectos monetarios mundiales, la teoría de la política comercial, los mercados cambiarios y el ajuste de la balanza de pagos. Las transacciones, por su parte, pueden ser comerciales, financieras, tecnológicas y turísticas.

2 Se define como comercio internacional o mundial, al intercambio de bienes, productos y servicios entre dos países (uno exportador y otro importador). El comercio exterior se define como el intercambio de bienes y servicios entre dos regiones económicas.

3 En una zona de libre comercio los países firmantes del tratado se comprometen a anular entre sí los aranceles en frontera, es decir, los precios de todos los productos comerciales entre ellos serán los mismos para todos los integrantes de la zona, de forma que un país no puede aumentar (mediante aranceles a la importación) el precio de los bienes producidos en otro país que forma parte de la zona de libre comercio.

4 Los grandes almacenes y los pequeños comercios iniciaron hoy las tradicionales rebajas de verano, marcadas este año por la subida del IVA, que muchos comercios piensan compensar con grandes descuentos.

5 Un estudio financiado por el Gobierno alemán con un millón de euros y en el que participarán unos quince psicólogos, científicos y técnicos tratará de determinar en qué medida el comercio electrónico es seguro en comparación con el que se sirve de los métodos tradicionales.

6 Además de por los juegos electrónicos y la lectura de noticias, Internet es vital para promover el comercio electrónico como un nuevo modelo para realizar transacciones comerciales en el mundo.

7 En 1994, los Estados Unidos (EE.UU.) iniciaron su primer ejercicio de libre comercio con el Tratado de Libre Comercio de América del Norte (TLCAN), que incluye a México y Canadá.

8 Internet trajo consigo un cambio de paradigma en el comercio minorista. Grandes tiendas en internet, liberadas de las limitaciones que presentan los locales, fueron capaces de almacenar productos, no sólo los más populares, sino también una amplia gama de artículos menos populares.

9 Hoy en día, la mayoría de las grandes corporaciones están rediseñando sus negocios en términos del Internet y de su nueva cultura y capacidades. Las empresas están usando el Web para comprar partes e insumos de otras compañías, colaborar en promociones, y para hacer investigaciones en forma conjunta.

10 Los consumidores interactúan con las páginas en la web: ven los anuncios y esos anuncios los llevan a otros sitios en internet, y dentro de esos sitios pueden optar o no por realizar transacciones.

문형연습

1. 수동의 se (se pasivo)

1) 큰 시장에서는 물건들이 대개 도매로 판매된다.

2) 찾기 힘든 이 물건들 중 일부가 인터넷을 통해 많이 판매되었다.

3) 대외무역은 두 국가 또는 두 지역 간의 재화와 용역의 교류로 이루어진다.

2. ~ 를 도와주다

ayudar a ~

1) 정부는 중소기업들이 자신들의 상품 광고를 촉진하도록 도와준다.

2) 경제부는 기업들이 수출계약을 모색하도록 도와주어야 한다.

3) 노동부는 젊은이들이 직장을 구하도록 도와준다.

3. ~ 대신

en lugar de ~

1) 여행할 때 현금보다는 여행자 수표를 지참하는 것이 더 편리하다.

2) 우리는 식당에 가는 대신 집에서 음식을 주문했다.

3) 나는 서점에서 현금 대신 신용카드로 책값을 지불했다.

4. 다변화하다

diversificar

1) 그 나라의 목적은 유럽 밖에서 그들의 시장을 다변화하는 것이다.

2) 위기는 그들의 시장을 다변화하고 국제적인 도약을 하게 했다.

3) 시장과 수입원을 다변화하고 추진 중인 개혁을 서두르는 것이 시급하다.

5. (무역) 협정(계약)을 체결하다

firmar acuerdo (contrato) comercial

1) 두 나라는 10개의 무역협정을 체결했다.

2) 한국은 스페인 경제의 중요한 분야에서 백만 유로의 협정을 체결할 것이다.

3) 양국은 무역협정을 통해 우호 증진을 도모한다.

연습문제

1. 국제 무역은 국가 사이에 행해지는 자본, 상품, 용역 등의 상거래 행위를 말하며 대부분의 국가에서 국제 무역은 GDP의 상당 부분을 차지하고 있다.
servicios, GDP PIB (Producto Interior Bruto)

2. 수입은 다른 나라의 서비스나 물품 등의 재화를 자국으로 들여오는 것을 의미하고 수출은 수입의 반대개념으로, 자국의 서비스나 물품 등의 재화를 다른 나라로 내보내는 것을 의미한다.

   el artículo, bienes

3. 요즘에는 피자를 먹기 위해 피자점에 가기보다는 집에서 주문한다. 피자점은 고객이 주문한 피자를 집으로 배달해 준다.

   enviar a domicilio

4. 스페인과 한국은 오늘 마드리드에서 양국 간의 무역거래와 투자증진을 도모하기 위한 방안들을 채택하기로 약속했다. 이런 협력은 양국 국민에게 이익을 줄 것이다.

   la transacción comercial, la promoción de la inversión

5. 19세기의 운송혁명 이전에는 소비제품들이 목적지 근처에서 제작되어야 했으나 지금은 운송의 발달로 멀리 떨어진 지역에서 제작될 수 있다.

   la revolución del transporte, la mercancía de consumo

6. 무역은 한 국가의 중요한 수입원이므로 각 정부는 새로운 기업들이 생겨나도록 지원한다.

   la fuente de ingreso, generarse

7. 인터넷에서 전자상거래를 이용해 물건을 구입할 때는 개인의 중요한 정보를 요구하므로, 믿을 만한 사이트를 이용해야 한다.

   el comercio electrónico (digital), el e-comercio

8. 공정무역의 가장 중요한 목표 가운데 하나는 근로자들을 위해 공정한 임금을 보장해 주는 것이다.

   el comercio justo

9. 세계무역기구는 스위스 제네바에 본부를 두고 있으며, 회원들 간의 통상조약을 감시한다.

   el tratado comercial

10. 인터넷 사용자의 약 20퍼센트가 인터넷을 통해 물건을 구입한 경험이 있다. 인터넷에서 물건을 구입할 때 발생하는 문제의 절반은 배달이 지연되는 것과 관련이 있다.
el internauta, el retraso, la entrega

La tecnología punta 13과

제13과 La tecnología punta

필수어휘

La tecnología

la tecnología (de) punta	첨단 기술
las telecomunicaciones	원거리 통신
la intercomunicación	상호 통신
el telefax	팩시밀리
la computación	계산 과학
la ingeniería electrónica	전자 공학
la nano-ingeniería	나노 공학
las TICs	정보통신기술 (las Tecnologías de Información y Comunicaciones)
la biotecnología	바이오 기술
las nuevas tecnologías B2B	B2B 신기술
los productos tecnológicos informáticos	정보기술 제품
la mercadotecnia	마케팅(기법)
el comercio electrónico, el e-comercio	전자상거래 (comercio digital)
la estrategia de la diversificación	다양화 전략
la transferencia de tecnología	기술 이전
la inversión conjunta	합작 투자
la coalición	제휴
la potenciación	극대화
la empresa especializada	특화된 기업
el desarrollo de patentes	특허 개발

la marca registrada	등록필 상표권
la propiedad intelectual	지적 재산권
las leyes de derecho de autor	저작권법
la empresa de capital riesgo	벤처 기업
la empresa de alta tecnología	첨단 기업
las PyMEs	중소기업 (las Empresas pequeñas y medianas)
la solución	솔루션
la telecomunicación óptica	광통신
el telégrafo sin hilos	무선 전신 (telégrafo eléctrico)
la fibra óptica	광섬유
el nuevo material	신소재
la cerámica	세라믹
el (la) semiconductor(a)	반도체
el transistor	트랜지스터
los circuitos integrados	집적 회로 (IC del circuito)
la energía renovable	재생에너지
el dispositivo electrónico	전자 기기
el móvil	핸드폰 (teléfono móvil, movicom, celular)
el smartmovil	스마트폰
el iPad de Apple	애플사의 아이패드
la carga	충전
la itinerancia	로밍
el billete electrónico	전자 항공권 (e-tiquete)
la técnica biométrica	바이오 인식 기술
el reconocimiento de iris	홍채 인식
el pasaporte biométrico	바이오 인식 여권
las huellas digitales	디지털 지문

la pantalla de cristal líquido	LCD 패널
el televisor de alta definición	HDTV, 고화질 TV
la tecnología de identificación digital	디지털 식별 기술
el circuito cerrado de TV	CCTV
la cerradura digital	디지털 도어록
el sistema de posicionamiento global	GPS
el navegador GPS	GPS 네비게이터
el micrófono oculto	도청기
la videograbadora	VCR 기기 (vídeo)
la cámara de videovigilancia	비디오 감시카메라
el sistema antirrobo	도난방지 시스템

Los conocimientos de informática

la informática	(컴퓨터) 정보 처리
el (la) informático(a)	정보처리 전문가 (기술자)
el ordenador, la computadora	컴퓨터
el ordenador personal	개인용 컴퓨터
el ordenador portátil	휴대용 컴퓨터
el (la) tablet PC	태블릿 PC
la pantalla táctil	터치 스크린
la laptop	노트북
la red de ordenadores	컴퓨터 네트워크
la red de internet	인터넷 망
la utilización de Internet	인터넷 활용
el (la) internauta	인터넷 사용자
la visita diaria	일일 방문자

el acceso	접속
el windows Vista	윈도우 비스타
el usuario de Word, Excel, Power Point	워드, 액셀, 파워 포인트 사용자
el sitio web (web-sitio)	웹 사이트
la página web	웹 페이지 (página de Internet)
el sitio web satélite	위성 웹 사이트
el sitio de portales	포털 사이트
el conjunto de portales verticales	수직적 통합 포털
la plataforma	플랫폼
en línea	온라인 (online, on-line)
fuera de línea	오프라인 (offline, off-line)
la World Wide Web (WWW)	월드 와이드 웹
el (la) navegador(a) de Internet	인터넷 항해자
la navegación en la web	웹 서핑
el hardware (software)	하드웨어 (소프트웨어)
la caja del ordenador	컴퓨터 본체
el periférico	주변 기기
el disco duro	하드 디스크
el disco externo	외장 디스크
la disquetera	플로피 (장치)
el monitor	모니터
el ratón	마우스
el teclado	키보드, 자판
el lector de CD	CD 플레이어
la impresora	프린터
el escáner	스캐너
el DVD quemador	DVD 버너
la memoria USB	USB 메모리

el soporte de almacenamiento	저장 장치
el dispositivo de control remoto	원격제어 장치
el dispositivo de señalización	포인팅 장치
el disquete	플로피 디스켓
el contenido guardado	저장된 콘텐츠
el sistema operativo	OS (운영 체계)
el directorio	디렉터리
el chip, los chips	칩
la motherboard, la placa madre	마더 보드
la batería	배터리
el cargador	충전기
el adaptador	어댑터
el terminal server, el servidor	서버 단자
la crystal cam	웹 카메라 (webcam)
la cámara digital	디지털 카메라
los megapíxeles	멀티 화소
la resolución de pantalla	해상도
las memorias ram	RAM 메모리
el driver, los drivers	드라이버
el display	디스플레이
la tarjeta de vídeo	비디오 카드
el botón de encendido	전원 버튼
el buscador	검색창
el componente	구성 요소
la carpeta	폴더
la tecla	키
la tecla enter	엔터 키
el archivo	파일
el archivo zip	압축 파일

el archivo de texto (imagen)	텍스트 (그림) 파일
la compresión de archivos	파일 압축
el tamaño del archivo	파일 용량
el adjunto	(파일) 첨부
la descarga	다운로드
el correo electrónico	전자 메일
el e-mail	이메일 (email)
la cuenta de usuario	사용자 계정
@	아로바 (arroba)
el servidor	메일서버 주소
la dirección	(이메일) 주소
el mensaje de texto	문자 메시지
la bandeja de entrada	메일 수신함
la bandeja de correo	메일 보관함 (mail bandeja)
el chat en internet	인터넷 채팅
el videochat	화상 채팅
la ventana de chat	채팅 창
el blog	블로그
el video en vivo	실시간 동영상
el audio y video en tiempo real	실시간 오디오·비디오
el youtube	유튜브
el twitter	트위터
el facebook	페이스북
el cibercafé	PC방
el foro de internet	사이버 카페, 인터넷 동호회
el videojuego	컴퓨터 게임
el virus informático	바이러스 (프로그램)
el antivirus	안티 바이러스
el parche gratuito	무료치료 백신

la recuperación	복구
el escaneo	스캔
el formateo	포맷
el (la) experto(a) en seguridad	보안 전문가
la actividad de piratas informáticos	정보 해적행위
el ataque a gran escala contra Internet	인터넷에 대한 대규모 공격

응용표현

1 La inversión y gestión de capital riesgo de Andalucía, participada al 100% por la Agencia de Innovación y Desarrollo de Andalucía (IDEA), ha invertido cerca de 60 millones de euros en 255 proyectos empresariales procedentes de sectores estratégicos para la Junta de Andalucía (TIC, energías renovables, biotecnología, etc.).

2 El compuesto está conformado por nanocintas de cerámica incrustadas en hojas de caucho de silicona, y se trata de un material que genera electricidad al flexionarse, siendo además altamente eficiente para el proceso de conversión de energía mecánica en energía eléctrica.

3 Existen muchos periféricos que se pueden conectar a un ordenador (disqueteras, impresoras, lectores de CD, escáneres, etc.). Para que el sistema sea capaz de aprovechar al máximo las capacidades de cada uno de estos dispositivos, los fabricantes incluyen unos programas llamados *drivers*, que son los que saben gestionar adecuadamente ese periférico.

4 A juzgar por las palabras de quienes me han dicho de la cámara digital, pienso que el tamaño de la imagen debe ser más de 12 megapíxeles. Los megapíxeles de alta resolución y el sensor sensible a la mínima luz son indispensables para obtener fotos magníficas.

5 Los tan populares *chats* en Internet representan la comunicación entre dos o más usuarios. Existen diversas plataformas y programas que se utilizan para *chats*, los hay en modo HTML, Java con imágenes, etc. Los más vanguardistas permiten ya la transferencia de audio y video en tiempo real.

6 Los negocios del cibercafé tienen como principal característica la explotación de la señal de Internet, la cual proporcionan al público a un costo por hora utilizada. El primero de estos negocios se remonta a 1994 en California, Estados Unidos.

7 Al momento de terminar de formatear mi *laptop* siguió lenta, costó que instalara programas y se volvió cada vez más lenta, no al punto de quedar pegada, pero era una lentitud bastante notoria. Sin otro remedio, hice un escaneo por sectores malos de los componentes.

8 Las visitas del twitter en el año 2009 han crecido un 1900%. Sobre todo, tenemos que reconocer que el éxito proviene de que una gran mayoría de usuarios ha conseguido un elevado número de seguidores. Sin los seguidores de cada uno la red no habría tenido sentido. Y ese número de seguidores va creciendo exponencialmente gracias a la reciprocidad.

9 El Smart Móvil es un teléfono celular que brinda soluciones tecnológicas y estratégicas de comunicación, aplicadas al marketing móvil. Se caracteriza por ser un aparato dinámico y moderno, que acompaña los cambios tecnológicos que impulsan a los ciudadanos oficinistas a requerir nuevas soluciones y estrategias de comunicación.

10 En general, se asocia a la tecnología de punta con tecnología más ecológica, menos contaminante y consumidora de menos recursos y energía. La verdadera tecnología de punta no suele encontrarse en el mercado para consumo masivo en un principio: por lo general, al momento de llegar al mercado una nueva tecnología, en los laboratorios ya se está probando la tecnología que la superará.

문형연습

1. 설명하다 / 인식하다, 깨닫다

explicar, dar cuenta de / darse cuenta de, enterarse de

1) 그 회사의 중역진은 첨단기술의 유출에 대해 제대로 설명하지 못했다.

2) 오늘 아침에 웹 서핑을 하다가 내게 꼭 맞는 정보를 알게 되었다.

3) 벤처 사업가 김씨는 자신의 돈으로 모든 것을 다 얻을 수 없다는 사실을 모른다.

2. 악수를 청하다 / (서로) 악수하다 / 청혼하다

dar la mano / darse la mano / pedir la mano

1) 두 회사의 대표이사는 기술이전에 합의하고 서로 악수를 나누었다.

2) 빠블로는 정보처리 기사였던 호세를 만났고, 그에게 악수를 청했다.

3) 그는 인터넷 동호회에서 수빈을 알게 된 지 3개월 만에 그녀에게 청혼했다.

3. 뚫어지게 쳐다보다 / 수단(방법)을 바꾸어보다

mirar de hito en hito / mudar de hito

1) 윈도우 XP 화면이 뜨지 않아 2분 정도 뚫어지게 쳐다보았다.

2) 그는 컴퓨터 본체를 열고 주변기기를 뚫어지게 쳐다보았지만 허사였다.

3) 이 소프트웨어가 작동이 안 되니 방법을 바꿔 보겠다.

4. 안팎으로

por fuera y por dentro

1) 내 PC는 안팎으로 엉망이다. 메모리칩이 파손됐고 전원버튼도 이상하다.

2) 실속 없는 전자상거래에 치중하던 그 회사는 대내외적으로 부패했다.

3) 대부분의 포털 사이트는 안팎으로 사이버 공격의 위험에 처해 있다.

5. 약속을 지키다

cumplir con su palabra

1) 그는 내 블로그에 올린 글을 삭제하겠다는 약속을 지키지 않았다.

2) 한동안 컴퓨터 게임에 빠져 있던 미겔은 PC 앞에 앉지 않겠다는 약속을 지켰다.

3) 나는 액셀을 마스터하겠다는 약속을 틀림없이 이행할 것이다.

연습문제

1. 한국의 첨단 기술은 세계적으로 인정받을 만큼 괄목할 만한 발전을 이룩했다. 하지만 더욱 치열한 연구와 과감한 투자가 필요하다.
   digno de llamar la atención, resuelto (audaz)

2. 얼마 전에 사귄 친구와 내 방에서 인터넷 채팅을 하고 있을 때 남동생이 허락도 없이 불쑥 들어왔다.
   de repente

3. 오늘날 사이버카페가 성업 중이다. 하지만 돈에 대한 관념이 부족한 미성년자들을 대상으로 돈벌이에만 치중하는 사이트는 통제해야 한다고 본다.
   activar (avivar), los menores de edad

4. 나는 2주 전에 '옥션' 사이버매장을 통해 삼성 노트북 한 대를 50만 5천원에 구입했다. 외장 디자인과 고화질의 화면이 무척 마음에 든다.
   a través de la tienda cibernética, pantalla de alta calidad

5. 한국의 벤처기업 열풍은 2000년대 초반에 최고조에 달했는데, 현재 이들 벤처기업 가운데 6% 정도만이 수익을 창출하고 있다.
   el auge (*boom*), llegar a la cima (cumbre)

6. 세계의 핸드폰 시장에서 스마트폰을 둘러싼 경쟁이 가속되고 있다. 선두 주자 노키아가 몰락한 가운데 삼성전자, 애플, 소니 등이 순위다툼을 하는 중이다.
   acelerar, el líder, competir

7. 인터넷에 접속하려면 먼저 PC의 전원 버튼을 누르고 화면에 윈도우 로고가 떠오르기를 기다린 후 화면상의 폴더를 더블클릭해야 한다.
   sobre todo, el logotipo de Windows, hacer un doble clic

8. 나노 공학은 10억분의 1에 해당되는 초소형의 세계에 접목시키는 첨단 기술에 근거하고 있으며, 현재 의료 분야, 화장품 분야에 많이 활용된다.

mil millones de, a base de, el cosmético

9. GPS 네비게이터가 등장하면서 승용차 운전자들의 수고가 많이 덜어졌다. 이젠 낯선 장소에도 어렵지 않게, 제 시간에 도착할 수 있다.

aliviar (aligerar), lugar desconocido, sin dificultad

10. 첨단 기술과 지적 재산권은 밀접한 관계를 맺고 있다. 세계적인 기업이나 다국적 기업들은 자신들의 고유 기술을 보호받고자 특허 개발과 상표권 등록을 동시에 진행한다.

estar estrechamente relacionado, la empresa multinacional,
el registro de marcas, a la vez (al mismo tiempo)

La política 14과

제14과 La política

필수어휘

La política exterior

las relaciones internacionales	국제관계
la organización no gubernamental	비정부기구
el crimen organizado	조직범죄
el grupo terrorista	테러그룹
la política internacional	국제정치
la diplomacia	외교

La diplomacia

el diplomático	외교관
la misión diplomática	외교임무
la diplomacia bilateral	쌍방외교
la diplomacia ad hoc	임기응변 외교
la diplomacia multilateral	다각적 외교
la diplomacia equidistante	등거리 외교
las relaciones amistosas	우호관계
las funciones consulares	영사기능
la diplomacia directa o de cumbre	직접외교 또는 정상외교
la embajada	대사관
el consulado	영사관

Los tres poderes

el poder ejecutivo	행정부
el gobierno	정부
el presidente	대통령
el jefe de estado	국가정상
el primer ministro	총리
el primer ministro saliente	퇴임총리
el viceprimer ministro	부총리
el ministro	장관
el ex ministro	전 장관
el gabinete	내각
la reunión semanal del gabinete	각료주례회의
el consejo de ministros	각료회의
el poder legislativo	입법부
la cámara legislativa (Congreso, Parlamento o Asamblea Nacional)	의회, 국회
el senado	상원
el senador	상원의원
el congreso de los diputados	하원
el diputado	국회의원
la monarquía constitucional	입헌군주제
el poder judicial	사법부
el juez	판사
el juicio	심판
el proceso	재판
el tribunal de primera instancia	제1심 법정
el tribunal de segunda instancia o tribunal de apelación	제2심 법원 또는 상소 법원
la sentencia	판결, 선고

el jurado	배심원
el acusado	피 고소인
el abogado defensor	변호인
el fiscal	검사
la apelación	공소, 항소
el falso testimonio	위증
el perjurio	거짓선서, 위증
el tribunal supremo, la corte suprema	대법원, 최고 법원

La vida política

el candidato	후보
el candidato presidencial	대통령후보
la votación, el voto	투표
el partido político	정당
el partido gubernamental	여당
el partido opositor	야당
la nominación	임명, 지명
el sufragio	선거
el referéndum	국민 투표
las elecciones generales	총선
las elecciones presidenciales	대선
elecciones locales, comicios locales	지방선거
el censo electoral	선거인 명부
los votantes (electores)	유권자
la campaña electoral	선거전
el colegio electoral	선거인단 / 투표소
la papeleta	투표용지

el sistema mayoritario	다수제도
la mayoría relativa	상대 다수
la mayoría absoluta	절대 다수
el voto delegado	대리 투표
el sistema de representación proporcional	비례대표제
la manifestación	시위 운동
los gases lacrimógenos	최루가스
el soborno, la mordida	뇌물, 매수
la libertad de palabra (de prensa)	언론의 자유
el discurso	연설
la política exterior	대외정책

Las ideologías políticas

la democracia	민주주의
el totalitarismo	전체주의
el capitalismo	자본주의
el socialismo	사회주의
el liberalismo	자유주의
el nacionalismo	민족주의
el fundamentalismo	근본주의, 원리주의
el centro izquierda	중도좌파
el centro derecha	중도우파

Otras expresiones

hacer campaña electoral	유세하다
sufragar (votar)	투표하다

hacer el escrutinio de los votos	검표하다
la conferencia (rueda) de prensa	기자회견
la moción de censura	불신임 투표
el gobierno de coalición	연립 정부
las fuerzas de seguridad	치안 (보안) 부대
el Ministro de Defensa	국방부 장관
el Ministro de Asuntos Exteriores (Relaciones Exteriores)	외무 장관
el Ministerio del Interior	내무부
de Economía	경제부
de Deportes	체육부
de Salud (Sanidad)	보건부
de Agricultura y Pesca	농수산부
de Vivienda	주택부
de Finanzas	재무부
de Industria	산업부
de Trabajo	노동부
de Cultura	문화부
de Justicia	사법부
de Transporte	교통부
de Turismo	관광부

응용표현

1 En los países donde hay elecciones libres, los candidatos hacen propaganda electoral durante la campaña electoral que precede al día de las elecciones.

En el día de elecciones, los electores van a los colegios electorales y depositan su papeleta en la urna.

2 La Casa Presidencial surcoreana indicó en un comunicado que el nuevo ministro es un buen conocedor de la política económica del Gobierno y valoró su capacidad para coordinar la política del Ejecutivo.

3 El poder ejecutivo es una de las tres facultades y funciones primordiales del Estado junto con la legislativa y la judicial, que consiste en dictar y hacer cumplir las leyes que suele aprobar el gobierno o el propio jefe del Estado.

4 Se denomina poder legislativo a una de las tres facultades y funciones primordiales del estado (junto con el poder ejecutivo y el judicial), que consiste en la aprobación de normas con rango de ley. Es una de las tres ramas en que tradicionalmente se divide el poder de un Estado.

5 El nuevo Parlamento tendrá mayor presencia de mujeres que el anterior, y más del 40 por ciento de los diputados se estrenarán en la Cámara, aunque la renovación es mayor en algunos partidos.

6 Esta transición, ha puntualizado, debe incluir un diálogo significativo con la oposición con vistas a la celebración de unas elecciones libres e imparciales.

7 El Parlamento de Corea del Sur ha aprobado una polémica ley sobre los medios de comunicación que permite a las compañías de prensa escrita poseer también una cadena de televisión terrestre o por cable.

8 Cabe igualmente destacar el acuerdo de los dos líderes para la construcción de una atmósfera conducente a la reanudación del diálogo sixpartito sobre

el asunto nuclear norcoreano. Ambos coincidieron en que se necesita un compromiso amplio y fundamental sobre este asunto para asegurar la paz y la estabilidad en el noreste asiático.

9 El nuevo tratado Start tiene como objetivo la reducción de los arsenales nucleares de ambos países y el impulso de los mecanismos de verificación de los mismos. Reemplaza el tratado firmado en 1991, que expiró en diciembre de 2009.

10 A pesar de que cada país de esa región tiene características diferentes, muchos de ellos comparten los mismos problemas, como una alta tasa de desempleo entre los jóvenes, el alto precio de los alimentos, pocas oportunidades de progreso social y económico, la corrupción y las violaciones a los derechos humanos

문형연습

1. ~가 실시되다

celebrar(se)

1) 그 나라에서는 내년 유월에 대선이 치러질 것이다.

2) G20 정상회담이 개최된 이후 한국의 위상이 높아졌다.

3) 그는 9월에 있을 총선에 출마하지 않겠다고 약속했다.

2. 관련이 있다

tener que ver

1) 그 시위는 과격단체들과 무관하다.

2) 정치가들의 인기는 그들의 임무수행능력과 관련이 있다.

3) 이번 선거에서 노동당의 몰락은 경기침체와 관련이 있다.

3. ~을 고려하다, 알다

tener en cuenta

1) 우리는 그 독재자가 아직 권좌에 있지만 힘이 약해졌음을 고려해야 한다.

2) 우리는 과거에 많은 스페인어 권 국가에서 교회가 큰 정치적인 힘을 가졌다는 사실을 고려해야 한다.

3) 그는 자신의 당에서 권력과 권위를 잃었음을 고려해야 했다.

4. ~을 앞두고

con vistas a / en relación con

1) 그는 선거를 앞두고 선거운동을 시작했다.

2) 국방부 장관은 군대 최고위원회 개최를 앞두고 회의를 준비하고 있다.

3) 총리는 백만 개의 일자리의 창출 목표 달성을 앞두고 만족해하고 있다.

5. 합의하다

acordar

1) 노조들은 파업을 소집하기로 합의했다.

2) 정부와 야당은 정치개혁 프로그램에 대해 아직 합의에 도달하지 않았다.

3) 정당들은 그 나라의 가장 시급한 과제인 정치개혁을 추진하기로 합의했다.

연습문제

1. 올해 우리나라에서는 총선과 대선이 실시된다. 이번 선거에서는 우리의 훌륭한 대표자였던 사람들만을 선출해야 한다.
   las elecciones generales, las elecciones presidenciales

2. 우리는 우리의 생각을 자유롭게 표현하기 위해 언론의 자유를 수호해야 한다. 이는 민주주의 국가에서 가장 중요한 시민의 권리 중 하나이다.
   el país democrático, el derecho de los ciudadanos

3. 사법권은 행정권과 입법권과는 달리 법을 해석하고 적용한다. 민주주의에서 입법권은 시민들의 의견에 따라서 법을 제정하고 현행법을 수정한다.
   interpretar, aplicar, la ley vigente

4. 한 정치학자는, 중국은 현실적으로 한국과의 관계를 강화하면서도 적어도 표면적으로는 북한과의 등거리외교를 전개할 것이라고 분석했다.
   el politólogo, fortalecer, exteriormente

5. 6자회담은 북한 핵문제의 평화적 해결방안을 논의하기 위해 시작되었는데, 당사국인 우리나라와 북한이 참여하며, 미국, 러시아, 일본, 중국이 주변 관련국으로 참여하고 있다.

el diálogo sixpartito, el problema nuclear

6. 정부는 개각을 통해 신임 장관들을 임명할 때 후보자들의 임무수행능력과 도덕성을 중점적으로 고려한다.

el cambio del gabinete, nuevos ministros

7. 야당 그룹들은 힘이 약하고 분열되어 있기 때문에 지금과 같은 과도기에 국가를 이끌어갈 확실한 지도자를 임명할 수 없다.

los grupos de partido opositor, el período de transición

8. 이 자유주의 변호사는 확고한 정치적 야망을 갖고 있기 때문에 그의 정치기반이 약해졌음에도 불구하고 다음 선거에 다시 출마하고 싶어 한다.

el abogado liberal, la ambición política

9. 시위자들은 더 나은 삶의 조건, 합리적인 가격의 식량과 일자리를 원하고 더 많은 자유와 민주주의를 원한다. 경찰은 시위를 진압하기 위해 고무총, 최루가스와 물폭탄을 발사했다.

las balas de goma, los cañones de agua

10. 그 나라의 대통령은 새 내각에게 경제적 지원을 유지하고, 부패를 척결하고, 정치적인 개혁을 추진하라고 명령했다.

el gabinete, arrancar la corrupción

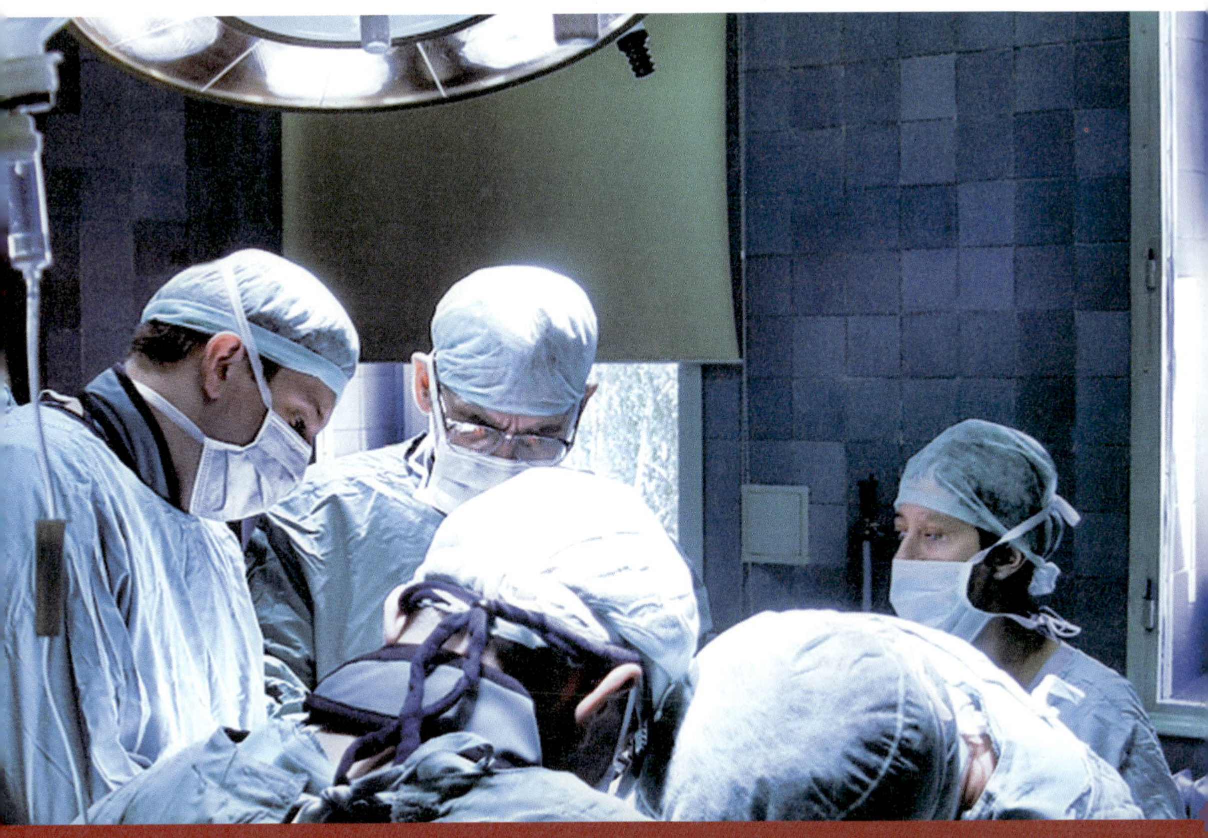

La medicina 15과

제15과 La medicina

필수어휘

Las enfermedades

la presión arterial alta (baja)	고(저)혈압
la hipertensión	고혈압
el torcido	삔 부위
el asma	천식
el vómito	구토
la alergia alimentaria	식품 알레르기
la amigdalitis	편도선염
la ansiedad	불안, 초조
la apendicitis	맹장염
la artritis	관절염
el ataque al (del) corazón (el ataque cardíaco)	심장병 (심장마비)
la bronquitis	기관지염
el cáncer de estómago (hígado, huesos, pulmón, riñón, útero)	위(간, 뼈, 폐, 신장, 자궁)암
la caries dental	충치
el cólera	콜레라
la convulsión	경련
la dermatitis	피부병
la diabetes	당뇨병
la diarrea	설사
la difteria	디프테리아
el estreñimiento	변비

el parto prematuro	조산
la falta de desarrollo físico	발육부진
la fiebre	열
la gripe, el resfriado	감기
la hemorroide	치질
la hepatitis	간질환, 간염
la impotencia sexual masculina	남성 성교불능
la infección	감염
la insolación	일사병
el insomnio	불면증
la jaqueca	편두통
la neumonía	폐렴
la obesidad	비만
la parálisis	마비
la sífilis	매독
la tos	기침
el traumatismo	외상
la tuberculosis	결핵
la úlcera	궤양
la varicela	수두
la intoxicación por comida	식중독
la pérdida de conciencia	의식상실
la enfermedad de Parkinson	파킨슨병
la enfermedad de Alzheimer	알츠하이머병
el Síndrome de Inmunodeficiencia Adquirida (SIDA)	후천성면역결핍증
el síndrome de Down	다운 증후군
las enfermedades infecciosas	전염병
las enfermedades parasitarias	기생충 질병

las enfermedades congénitas	선천성질병
las enfermedades hereditarias	유전성질병
las enfermedades neuro-degenerativas	신경퇴화성 질병
las enfermedades por desequilibrios nutricionales	영양불균형에 의한 질병
las enfermedades profesionales y ambientales	직업 및 환경에 의한 질병
las enfermedades de transmisión sexual (ETS)	성병

Traumatismos y accidentes

la herida	상처
la fractura	탈골, 골절
la asfixia	질식
la quemadura	화상
lesiones deportivas	스포츠로 인한 부상

Trastornos mentales y relacionados con el uso de sustancias

la demencia	치매, 정신착란
la depresión	우울증
la histeria	히스테리
la paranoia	편집증
la esquizofrenia	정신분열증
el retraso mental	정신지체
los trastornos causados por el consumo de alcohol, cocaína, nicotina	알코올, 코카인, 니코틴 과다섭취로 인한 질환

Los médicos

el (la) anatomista	해부학자
el (la) internista	내과의사
el (la) radiólogo(a)	방사선과의사
el (la) ginecólogo(a)	산부인과의사
el (la) cirujano(a)	외과의사
el (la) cirujano(a) plástico(a)	성형외과의사
el (la) pediatra	소아과의사
el (la) neurólogo(a)	신경과의사
el (la) dermatólogo(a)	피부과의사
el (la) cardiólogo(a)	심장의학과의사
el (la) oftalmólogo(a)	안과의사
el (la) otorrinolaringólogo(a)	이비인후과의사
el (la) psiquiatra (siquiatra)	정신과의사
el (la) ortopedista	정형외과의사
el (la) dentista	치과의사
el (la) acupunturista	침술사
el (la) médico(a) oriental	한의사

Los medicamentos

la farmacia, la droguería	약국
el medicamento, el fármaco	약제
la receta médica	처방전
la inyección	주사
la vacuna	예방접종
la dosis	1회분 투여(복용)량
la droga	약, 마약

el (la) farmacеútico(a), el (la) farmacеuta	약사
la aspirina	아스피린
el anestésico	마취제
el analgésico (sedante, calmante)	진통(정)제
las gotas	점적약(點滴藥), 방울약
los jarabes	시럽
las tisanas	탕약
los elixires	미약
los comprimidos	정제
las cápsulas	캡슐
las píldoras	알약
las tabletas (pastillas)	정제
la solución antiséptica	소독액

Otras expresiones

el diagnóstico	진단
la venda, el vendaje	붕대
la curita, la tirita	일회용밴드
el hospital	병원
sala de urgencias(emergencias)	응급실
la ambulancia	응급차
la intoxicación	중독
la digestión	소화
el síndrome	증세
el (la) mudo(a)	언어장애인
el (la) sordo(a)	청각장애인
el (la) sordomudo(a)	언어 · 청각장애인

el (la) tartamudo(a)	말더듬이
la joroba, la corcova	척추장애
el (la) cojo(a)	절름발이
el (la) manco(a)	지체장애인(외팔이)
el (la) ciego(a)	시각장애인
los escalofríos	오한
los sudores	발한
la inflamación	염증
el tumor	종창(腫脹), 종기, 궤양(潰瘍)
la náusea	구역질
los mareos	멀미, 현기증
la tra(n)splantación (el transplante) del corazón	심장 이식 수술
el oxígeno	산소
el regulador (para) oxígeno	산소호흡기
difícil de respirar	호흡곤란

응용표현

1 La enfermedad es un proceso y, también, el estatus consecuente de afección de un ser vivo, caracterizado por una alteración de su estado ontológico de salud. El estado o proceso de enfermedad puede ser provocado por diversos factores, tanto intrínsecos como extrínsecos al organismo enfermo.

2 La salud y la enfermedad son parte integral de la vida, del proceso biológico y de las interacciones medioambientales y sociales. Generalmente, se entiende a la enfermedad como una entidad opuesta a la salud, cuyo efecto negativo es consecuencia de una alteración o desarmonización de un sistema a cualquier nivel.

3 Hay dos causas principales que producen enfermedades y sufrimientos: la primera es física – la alimentación y la respiración incorrectas -, la segunda es psíquica - la reflexión y los sentimientos incorrectos.

4 La medicina es la ciencia dedicada al estudio de la vida, la salud, las enfermedades y la muerte del ser humano, e implica el arte de ejercer tal conocimiento técnico para el mantenimiento y recuperación de la salud, aplicándolo al diagnóstico, tratamiento y prevención de las enfermedades.

5 En medicina, el pronóstico, generalmente de una enfermedad, es el conjunto de datos que posee la ciencia médica sobre la probabilidad de que ocurran determinadas situaciones en el transcurso del tiempo o historia natural de una enfermedad. Es la predicción de los sucesos que ocurrirán en el desarrollo de una enfermedad en términos estadísticos.

6 La industria farmacéutica está continuamente desarrollando nuevas formas de hacer llegar el fármaco a su destino de la forma más rápida y eficaz. Al igual que el descubrimiento de nuevos fármacos, las nuevas galénicas están sujetas a patente de propiedad, pasando al cabo de un tiempo a dominio público.

7 La receta médica es una importante transacción terapéutica entre el médico y su paciente. Representa un resumen del diagnóstico, pronóstico y tratamiento de la enfermedad del paciente realizado por el médico. Es indispensable para evitar el abuso de la medicina.

8 El humo del tabaco es peligroso para los que no fuman. La exposición al humo, también llamada fumar pasivamente, aumenta los riesgos de los que no fuman de tener los mismos problemas que los fumadores.

9 El centro médico de la universidad de Misisipi realizó el primer trasplante de pulmón del mundo en seres humanos, y trasplantó el corazón de un chimpancé en el cuerpo de un hombre moribundo.

10 Demencia es la pérdida progresiva de las funciones cognitivas debida a daños o desórdenes cerebrales. Característicamente, esta alteración cognitiva provoca incapacidad para la realización de las actividades de la vida diaria.

문형연습

1. 퇴원(제대)시키다, 쫓겨나다

darle a alguien de alta (baja)

1) 그 외과의사는 그 환자를 병원에서 퇴원시켰다.

2) 내 삼촌은 지난 달 해군에서 제대했다.

3) 그 치과의사는 회비를 내지 않아 클럽에서 쫓겨났다.

2. 단지 ~일 뿐이다

no ~ más que / solamente / sólo

1) 나는 단지 변비에 걸렸을 뿐이야.

2) 그 관광 가이드는 병이 난 것이 아니라 피곤했을 뿐이다.

3) 그 여자 간호사는 어느 노인 환자에게 주사 한 방을 놓아주려 할 뿐이다.

3. 아직까지 ~이 이루어지지 않고 있다

estar sin hacer ~ / no estar hecho ~

1) 그 정신과 의사의 건강이 아직까지 회복되지 않고 있다.

2) 그 작곡가는 아직 청력(聽力)을 잃지 않은 상태였다.

3) 수술을 받은 뒤에 얼마 동안 운동을 삼가야 합니까?

4. 무엇을(누군가를) 참지(감당하지, 이기지, 이해하지) 못하다

no poder con algo / no poder tolerarlo / no poder ganar contra alguien

1) 환자들은 이 처방을 이해할 수 없었다.

2) 에이즈는 그에게 정복할 수 없는 것처럼 보였다.

3) 그 젊은 전사는 전투에서 적을 이길 수 없었다.

5. 시력을 잃다 / ~에서 눈을 떼다. ~이라는 사실을 망각하다

perder la vista / perder de vista ~

1) 그 안과여의사는 교통사고로 시력을 잃었다.

2) 내 아버지는 사업을 조금도 등한시하지 않으셨다.

3) 너는 이 회사에서 신참내기라는 사실을 망각했다.

연습문제

1. 한 친구가 2주일 전부터 피부병으로 서울대학교 병원에 입원해 있었는데, 오늘 오전 의사는 퇴원해도 좋다고 했다. 하지만 친구의 아버지는 아들이 계속해서 병원에 있기를 원했다.

   estar hospitalizado en

2. 아르헨티나의 여자 테니스 선수는 페루의 안데스 지역을 오랫동안 걸은 뒤 왼쪽 발목에 통증을 느꼈다. 의사는 발목이 약간 부었을 뿐 심각한 증상은 아니라고 말했다.

   estar inflamado (hinchado)

3. 콜롬비아 출신 어느 소설가가 빰빠스 지역을 여행하다 교통사고를 당했다. 그가 지금 필요로 하는 것은 절대안정인데, 의사는 독한 약을 처방했다. 그 소설가는 의사의 태도를 도저히 이해할 수 없었다.

   un descanso (reposo) absoluto

4. 커피와 담배가 임신부에게 해로운 데도 불구하고, 많은 여성이 커피와 담배를 즐긴다. 이들은 중독성이 강하기 때문에 끊기가 무척 어렵다.

   ser adictivo, causar adicción

5. 제가 도와드릴 테니, 주사를 놓게 침대에 편히 엎드려 누우세요. 그리 아프지 않으니 걱정하지 마시고요. 주사를 다 맞은 뒤 십 분 동안 쉰 다음에 돌아가셔요.
acostarse boca abajo

6. 그 환경운동가는 계속된 과로로 졸도한 뒤 의식을 회복하지 못하다가 나흘 후에 사망했다. 그의 죽음을 계기로 사람들은 적당한 휴식이 가장 좋은 약이라는 사실을 절감했다.
recuperar la conciencia (el sentido, el conocimiento)

7. 수술하기 전에 간호사들이 할 일은 환자의 혈압을 재고, 신체 상태를 전반적으로 체크하는 것이다. 전신 마취가 필요한 수술의 경우 환자는 일정 시간 동안 금식해야 한다.
evaluar las condiciones físicas

8. 이제 한국에서도 심장이식 수술이 보편화되어 있기 때문에 수술을 받기 위해 구태여 외국에 갈 필요가 없다. 하지만 한국의 의술을 믿지 못하는 일부 부자들은 여전히 외국 병원을 선호한다.
molestarse en + infinitivo

9. 내 증조할아버님은 연세가 많지만 시력을 잃지 않은 상태다. 요즘에는 치매에 걸릴까 봐 걱정되어 신문을 즐겨 보시는데, 특히 보건 정책에 관심이 많으시다.
la(s) política(s) de salud

10. 사고가 발생하면 우선 부상 부위를 붕대로 감고 응급차를 불러야 한다. 응급실로 이송하는 동안 부상자가 호흡곤란을 겪을 수 있기 때문에 산소 호흡기를 준비해야 한다.
enrollar la venda

La industria 16과

제16과 La industria

필수 어휘

Tipos de industrias

la industria agrícola	농업
pecuaria	축산업
manufacturera	제조업
pesada	중공업
ligera	경공업
petroquímica	석유화학업
química pesada	중화학
siderúrgica	철강업
metalúrgica	금속공업
textil	섬유산업
alimenticia	식품산업
láctea	유제품산업
avícola	양계업
cárnica	정육업
extractiva (minera)	광업
automotriz	자동차산업

El mercado

el monopolio	독점
el oligopolio	과점
la traba arancelaria	관세 장벽
la traba burocrática	관료주의 장벽

el producto elaborado	가공품
la productividad	생산성
la pieza	부품
la maquinaria	(주로 큰) 기계류
la fuerza del trabajo	인력
la materia prima	원자재
la infraestructura	기반시설

Energía y ambiente

la energía alternativa	대체에너지
la energía eléctrica	전기에너지
la energía térmica	열에너지
la energía eólica	풍력
la energía hidráulica	수력
la energía solar	태양열 발전
la energía nuclear	원자력
los recursos naturales	천연자원
el gas natural	천연가스
el combustible	연료
el petróleo	석유
el abastecimiento energético	에너지공급
la extinción de especies	종의 멸종
los paneles solares fotovoltaicos	태양광전지판
los paneles híbridos	하이브리드 패널

Transporte y comunicaciones

el transporte por carretera	육로수송
por ferrocarril	철도수송
por cable	전선수송
aéreo	항공운송
marítimo	해상운송
fluvial	하식운송
la tecnología informática	IT
los medios de transporte	운송수단
las telecomunicaciones	통신
las ciencias de la informática	정보과학
los vehículos deportivos utilitarios	스포츠 유틸리티 차량

Otras expresiones

la industrialización	산업화
la estructura económica	경제구조
el capital de inversión	투자자본
la inversión extranjera	해외투자
la acumulación de riqueza	부의 축적
la plusvalía	자본이득
I+D (Investigación y Desarrollo)	R&D
la actividad económica	경제활동
la revolución industrial	산업혁명
el capitalismo	자본주의
la distribución de ingreso	소득분배
la mano de obra	노동력
el puesto de trabajo	일자리
el sector económico primario	1차 산업

el sector económico secundario	2차 산업
el sector económico terciario	3차 산업
la capacitación laboral	직업훈련
la comercialización	상업화
el poder adquisitivo	구매력
la tecnología punta	첨단기술

응용 표현

1 Gracias a la revolución industrial las regiones se pueden especializar, sobre todo, debido a la creación de medios de transporte eficaces, en un mercado nacional y otro mercado internacional, lo más libre posible de trabas arancelarias y burocráticas.

2 El capital de inversión, en Europa, procede de la acumulación de riqueza en la agricultura. El capital agrícola se invertirá en la industria y en los medios de transporte necesarios para poner en el mercado los productos elaborados.

3 Los artesanos fabrican mercancías, bien solos o en pequeños grupos. Hay mercancías que necesitan fabricarse en varias etapas, por ejemplo los automóviles, que se construyen con piezas que se han hecho con otras, por lo general de otros países y del mismo.

4 La Revolución industrial comenzó con la mecanización de las industrias textiles y el desarrollo de los procesos del hierro. La expansión del comercio fue favorecida por la mejora de las rutas de transportes y posteriormente por el nacimiento del ferrocarril.

5 Las áreas más representativas de la tercera revolución industrial son la de I+D (Investigación y Desarrollo) de la energía nuclear, la de las telecomunicaciones y la del espacio y el Universo, así como la de la ciencia informática, la robótica y la biotecnología.

6 La sociedad industrial es urbana y exige la urbanización, tanto para que los trabajadores estén próximos a los centros de producción, como para que los servicios puedan beneficiarse de esos núcleos de creciente actividad económica.

7 Las infraestructuras son las instalaciones fijas que permiten la circulación de un vehículo por ellas. Se trata por tanto de alguna manera, de terminales e instalaciones para el desplazamiento, el estacionamiento y el mantenimiento de los vehículos. Por ferrocarril, ductos, transporte por carretera y por cable, todo el trayecto para los viajes de vehículos debe ser construido.

8 Las energías renovables en Corea tienen un papel importante, tanto en lo que se refiere a reducir la dependencia exterior del país en su abastecimiento energético, como en las acciones que deben adoptarse en relación con la lucha frente al cambio climático.

9 Los paneles solares fotovoltaicos tienen un rendimiento de en torno al 15% y no producen calor que se pueda reaprovechar, aunque hay líneas de investigación sobre paneles híbridos que permiten generar energía eléctrica y térmica simultáneamente.

10 El sector automotor fue debilitado, en primer lugar, por el alza sustancial de los precios del combustible para automóviles, relacionada con la subida del precio del petróleo desde 2004 que ocasionó que los compradores evitaran adquirir vehículos deportivos utilitarios (SUVs).

문형 연습

1. ∽했을 때, ∽하자

al + infinitivo

1) 인류가 기계를 사용하자 삶의 방식이 완전히 바뀌었다.

2) 사람들은 기차를 처음 보았을 때 넋이 나가 버렸다.

3) 아버지는 자동차를 처음 샀을 때 무척 즐거워했다.

2. 지시나 명령을 부드럽게 표현

Quisiera∽ / Por favor?

1) 제 차를 먼저 검사해 주실 수 없을까요?

2) 여기에 앉아서 친구들을 기다려도 될까요?

3) 제가 몸이 아픈데, 근무 순서를 바꿔주실 수 있겠습니까?

3. ∽ 덕분에, ∽ 으로

gracias a ∽ / debido a ∽

1) 그 미국 여학생은 열심히 노력한 덕분에 이번 학기에 장학금을 탔다.

2) 자동차 덕분에 우리는 편리하고 빠르게 여러 곳에 갈 수 있다.

3) 컴퓨터의 발명으로 사람들은 많은 일자리를 잃었다.

4. 떨어지다, ~에 해당된다 / ~가 좋다 (나쁘다)

caer / 목적격 인칭대명사 + caer + bien (mal)

1) 항상 심각한 표정을 짓는 사람은 내게 호감을 주지 못한다.

2) 애석하게도 올 추석은 일요일과 겹친다.

3) 오후에 친구들과 마신 꼴롬비아 커피 맛이 아주 좋았다.

5. ~하는 것이 ~하다

Es + 형용사+ que ~

1) 까르멘은 애인이 약속에 너무 늦게 도착한 것을 참을 수가 없었다.

2) 제품이 너무 많이 생산되었기 때문에 가격 하락은 피할 수 없다.

3) 자동차 기술이 발전함으로써 고장 없는 차의 생산이 가능하다.

연습문제

1. 2차 산업이란 1차 산업에서 얻은 생산물과 천연자원을 가공해 인간에게 필요한 재화나 에너지를 생산하는 산업을 말한다. 광업, 건설업, 전력업, 가스업, 수도업, 제조업 등이 이에 속한다.

referirse a

2. 3차 산업은 금융업, 보험업, 유통업, 도매업, 소매업 등을 말한다. 상품 판매 등의 서비스를 제공하는 산업이기 때문에, '서비스업'이라고 부른다.
comercio de distribución, industria de servicios

3. 한국의 중화학공업은 1960년대의 철강업을 위시해 석유화학, 전자공업, 조선, 자동차, 전력 등의 본격적인 발전이 통합적으로 진행되었다.
en conjunto, comenzando por, en plena escala

4. 한국의 산업은 1960년대에 고도로 성장하기 시작했고, 구조적으로는 중화학공업의 비중이 점점 커져 갔다.
alto crecimiento

5. 최초의 합성섬유는 1938년 미국 뒤퐁사가 '거미줄보다 가늘고, 강철보다 강하며, 실크보다 아름다운 섬유'라고 표현한 나일론이다.
aludir

6. 자동차는 사람 및 물자의 교류와 정보의 교환을 특징으로 하는 현대사회에서 필요 불가결한 것이 되었다.
de primera necesidad, indispensable

7. 소득 수준이 높은 나라일수록 당연히 자동차의 보유율이 높지만, 동시에 레저용 자전거의 보유율도 높다.
tasa de posesión

8. 로봇은 단순하게 반도체 같은 하나의 칩만으로 구성되는 것이 아니다. 로봇 산업은 외형적으로 자동차 산업의 특징을 지니면서도, IT산업으로 분류된다.
componerse de

9. 유선통신은 송신과 수신이 전선으로 연결되어 신호를 매개하는 전기통신이다. 무선통신은 전파를 통해, 신호·부호·영상·음성 등의 정보를 교신할 수 있다
comunicación por cable, comunicación sin hilos

10. 일부 국내 회사에서 현재 연료전지를 사용한 하이브리드 차량을 개발해 상용화되어 있다. 아직까지 연료전지는 무게/중량 대비 경제성 측면에서 효율적이지 못하기 때문에 차 값이 비싸다.

comercializarse

La flora y la fauna 17과

제17과 La flora y la fauna

필수 단어

La flora

la botánica	식물학
el jardín botánico	식물원
la rosa	장미
el clavel	카네이션
el crisantemo	국화
el narciso	수선화
el girasol, el mirasol, el tornasol	해바라기
la nomeolvides	물망초
la margarita	들국화
el tulipán	튤립
el jacinto	히아신스
el cañacoro	칸나
la azalea	진달래
la rosadelfa	철쭉
el geranio	제라늄
la malva	접시꽃
la violeta	바이올렛
la hierba	잡초
la fruta	과일
la manzana	사과
la pera	배
la sandía, el melón de agua	수박
el melón	멜론, 참외

el melocotón	복숭아
la fresa	딸기
la uva	포도
la pasa	건포도
la naranja	오렌지
la mandarina	귤, 밀감
el higo, el higo zafarí	무화과
la granada	석류
la (el) castaña(o)	밤(나무)
el pino	소나무
el piñón	솔방울, 잣
el roble	떡갈나무
el cedro	삼나무
el ciprés	사이프러스
el arce	단풍나무
el ginkgo	은행나무
la hortaliza, las verduras	채소
la lechuga	상추
la cebolla	양파
el ajo	마늘
el ají, el chile, la guindilla	고추
el pepino, el cohombro	오이
el tomate	토마토
la patata, la papa	감자
el camote, la batata	고구마
la yuca, la mandioca	유까
la calabaza	호박
la zanahoria	당근
el grano	곡물

el arroz	벼, 쌀
la cebada	보리
el fríjol (frijol, fréjol), la judía	콩
el maíz	옥수수
el sorgo	수수
el fríjol rojo	팥
las algas	미역

La fauna

la zoología	동물학
el zoo	동물원
los mamíferos	포유류 동물
los reptiles	파충류 동물
los anfibios	양서류 동물
los artrópodos	절족류 동물
el (la) perro(a)	개
el (la) gato(a)	고양이
el toro, la vaca	소
el caballo, la yegua	말
el (la) cerdo(a), el puerco, el cochino, el chancho, la marrana	돼지
el ratón, la ratona	쥐
el carnero, la oveja	양
el (la) cordero(a)	새끼양
el (la) burro(a)	당나귀
el gallo, la gallina	닭
el (la) pato(a)	오리
el (la) ganso(a)	거위

el (la) chivo(a)	염소
el (la) cabro(a)	산양
el conejo, la liebre	토끼
el (la) pavo(a), el guajolote	칠면조
el pavo real	공작
la fiera	맹수, 야수
el león, la leona	사자
el tigre, la tigresa	호랑이
el (la) oso(a)	곰
el (la) lobo(a)	늑대
el coyote	이리, 코요테
el elefante	코끼리
el leopardo	표범
el rinoceronte	코뿔소
el hipopótamo	하마
la hiena	하이에나
la jirafa	기린
la cebra	얼룩말
el (la) camello(a)	낙타
el jabalí, la jabalina	멧돼지
el (la) zorro(a)	여우
el (la) ciervo(a), el venado	사슴
el (la) mono(a)	원숭이
el (la) lagarto(a)	도마뱀
el pájaro	새
la golondrina	제비
el gorrión	참새
la paloma, el pichón	비둘기
la urraca	까치

el cuervo	까마귀
el ruiseñor	나이팅게일, 밤 꾀꼬리
el cisne	백조
la gaviota	갈매기
la garza	왜가리, 백로, 해오라기
el halcón	매
el águila	독수리
el papagayo, el loro	앵무새
el búho	부엉이
el pipo	크낙새
el pito, el pájaro carpintero, el picaposte	딱따구리
el ave de paso, el ave pasajera	철새
el pingüino	펭귄
la tortuga	거북이
la ardilla	다람쥐
la rana	개구리
el sapo	두꺼비
la serpiente, la culebra	뱀
la serpiente de cascabel	방울뱀
el cocodrilo, el caimán, el aligátor	악어
la ballena	고래
el delfín	돌고래
el tiburón	상어
el caballito de mar	해마
el salmón	연어
la trucha	송어
la caballa	고등어

el besugo	도미
el bacalao	대구
la merluza	명태
el atún	참치
el rape, el pejesapo	아귀
el camarón, la gamba	새우
la concha, la almeja	조개
los mariscos	어패류
el ostión, la ostra	굴
el cangrejo de mar, la jaiba	바닷게
el cangrejo de río	민물 게
el pulpo	낙지, 문어
el calamar	오징어
el insecto	곤충, 벌레
la hormiga	개미
el mosquito	모기
la mosca	파리
la abeja	벌
la avispa	말벌
la araña	거미
el saltamontes	메뚜기
el langostón	베짱이
la mantis	사마귀
el piojo	이
la pulga	벼룩

Otras expresiones

la evolución	진화
el evolucionismo	진화론(주의)
el (la) evolucionista	진화론자
ladrar	(개) 짖다
maullar, miar	(고양이) 야옹야옹 울다
cantar	(새) 지저귀다
rugir	(맹수) 으르렁거리다
picar	(곤충) 물다, 쏘다
zumbar	(날벌레) 붕붕거리다
cortar	(과일) 자르다, 깎다
pelar	껍질을 벗기다

응용 표현

1 Holanda toma el primer lugar del mundo en la exportación del tulipán. Cada año se producen alrededor de tres mil millones de bulbos de tulipán en Holanda, de los cuales se exportan unos dos mil millones.

2 Los perros son los mejores amigos del hombre y le obedecen hasta sacrificar sus vidas. Los amantes de los perros les tratan como a un miembro más de la familia, a menudo como a niños a los que colman de afecto y cuidados.

3 El parque nacional corresponde al área natural protegida para conservar legalmente la flora y la fauna de una zona. Gracias a su denominación, se protegerá a la población de animales que utilizan a las reservas como parte de sus rutas de migración.

4 Las abejas obreras intercambian informaciones sobre la localización del alimento mediante movimientos llamados danzas. Es decir, para ellas, la danza es el sistema de comunicación para trasmitir a sus pares, la distancia y dirección de la fuente de alimento (flores).

5 Actualmente, el ajo es una medicina naturista y tiene una amplia utilización farmacológica. Es eficaz como antibiótico, combatiendo numerosos hongos, bacterias y virus. De resultas de diversos experimentos, el ajo se ha comprobado que protege contra las enfermedades del corazón y los ataques cerebrales.

6 Las tortugas gigantes de las islas Galápagos estuvieron distribuidas por todos los continentes, excepto Australia y la Antártida, pero hoy en día sólo podemos encontrarlas en zonas delimitadas. Son las tortugas más grandes que existen y la más antigua debe de tener más de 200 años.

7 Pensar es una etapa en la evolución de la vida. La naturaleza existe en un reposo inocente que es anterior a la aparición del pensamiento. La flor, el pájaro o el árbol no son conscientes de su propia santidad y belleza.

8 Según la opinión de unos oceanógrafos, los delfines y las ballenas emiten unas señales subsónicas. Ellos han empleado las frecuencias subsónicas para comunicarse durante miles de años. El ser humano puede percibir las frecuencias por debajo de los 60 Hz, pero difícilmente puede ubicar su fuente.

9 El girasol se inclina hacia el sol con el fin de captar la mayor cantidad de rayos solares, como casi todas las plantas. El aceite de girasol se puede usar en cantidades menores de un 20% en cualquier jabón, pero para usarlo pronto y con poco sobreengrasado.

10 Una reserva natural o reserva ecológica es un área protegida de importancia para la vida silvestre, flora o fauna, o con rasgos geológicos de especial interés que es protegida y manejada por el hombre, con fines de conservación y de proveer oportunidades de investigación y de educación.

문형 연습

1. 남의 잘못을 뒤집어쓰다 / 흠뻑 젖다

pagar el pato / calarse hasta los huesos

1) 남의 잘못을 늘 뒤집어쓰는 네가 이 상황을 해결할 수 있겠니?

2) 그 여학생은 집으로 귀가하던 중 갑작스런 폭우에 몸이 흠뻑 젖었다.

3) 우리는 남의 잘못을 뒤집어쓰지 말고 항상 당당하게 행동해야 한다.

2. 태업하다, 결석하다

pintar (el) venado

1) 미겔은 몇몇 친구와 함께 학교에 가지 않고 영화관에 갔다.

2) 노동자들은 회사의 방침에 대항해 이틀 동안 태업했다.

3) 얘들아, 너희는 도덕 수업에 결석하면 안 되는 거 알지?

3. 우쭐대다 / 겁쟁이 같은 / 순식간에 처리하다

alzar (levantar) el gallo / ser gallina / hacer algo en menos que canta un gallo

1) 그녀는 최신 유행의 부츠를 신고 몹시 우쭐대고 있었다.

2) 싸우지 않고 자꾸만 도망치는 걸 보니 저 권투선수는 겁쟁이다.

3) 루이사는 눈 깜짝할 사이에 아침식사를 준비했다.

4. ~과 다투다 / 바람을 피우다 / 뒷맛이 개운치 않다

estar (ponerse) de cuerno con / ponerle los cuernos a alguien / saber a cuerno quemado

1) 어떤 중년 남자가 20대로 보이는 한 청년과 다투고 있었다.

2) 한 이웃집 여자가 바람이 나서 남편을 버리고 애인과 함께 잠적해 버렸다.

3) 항상 그러하듯이 돈 문제는 말하기가 찜찜하다.

5. 딱지 놓다, 낙제시키다 / 한창때인 / 구애하다

darle calabazas a alguien / ser la flor / decir (echar) flores

1) 내 누나는 육 개월 동안 사귄 남자에게 딱지를 놓았다.

2) 사춘기는 우리 인생의 전성기라고 할 수 있다.

3) 아프리카의 어떤 부족은 혀를 내밀어 구애하는 풍습을 갖고 있다.

연습 문제

1. 곤충의 몸짓과 소리는 인간의 경우와 유사한 점이 많다. 벌도 인간처럼 춤이라 불리는 행동언어를 갖고 있다.

   movimientos llamados danzas, lenguaje del gesto

2. 진달래는 봄을 알려주는 전령사와 같다. 잎보다 꽃이 먼저 피는 이 식물은 매년 4월 초에 온 산을 붉게 수놓는다.

   anunciador (avisador), cada año a principios de abril

3. 칠팔십 마리 가량 되는 염소가 목초지에서 풀을 뜯고 있었다. 그들 중 대부분은 항상 목동의 주위를 맴돈다.

   los chivos que oscilan entre setenta y ochenta

4. 소심한 아이들은 동물원에서 맹수들이 으르렁거리는 소리를 듣고서 울었다. 용감한 아이들은 우리 근처까지 다가가서 먹이를 던져주곤 했다.

   niños tímidos (miedosos), soler + infinitivo

5. 한국은 세계 1위의 웅담과 녹용 수입국이다. 이는 곰과 사슴의 멸종 위기를 초래하는 매우 창피스런 일이다.

   vesícula biliar del oso, peligro de extinción

6. 광릉 국립수목원은 우리나라 식물학 연구에서 매우 중요한 지역이다. 그곳은 식물계의 보고(寶庫)로, 나무와 꽃, 희귀초본 수천 종이 서식하고 있다.

   Arboreto Nacional, tesoro de la flora, plantas raras

7. 개미는 인간이 생각하는 것보다 더 사회적인 동물이다. 여왕개미를 중심으로 구성되는 그들의 삶은 체계적인 위계질서를 명백히 보여준다.

   más social de lo que suponer, hormiga reina

8. 크낙새와 딱따구리 같은 일부 새들은 부리로 나무를 힘차게 두드려 구멍을 낸 뒤 그 속에 숨어 있는 곤충들을 잡아먹는다.

golpear con fuerza

9. 그 농장 주인은 수많은 소와 돼지가 죽어가는 것을 보고는 의욕을 잃은 채 멍하니 입만 벌리고 있었다.

sin ganas, aturdidamente

10. 미국 정부는 호랑이 뼈와 코뿔소 뿔의 불법 거래를 통제하지 않은 태국 정부에 통상 제재를 가하겠다고 발표했다.

imponer sanciones comerciales

Los derechos humanos 18과

제 18 과 Los derechos humanos

필수 어휘

Sociedad y sistema

el matrimonio	결혼
el divorcio	이혼
los cónyuges	부부
el divorciado	이혼남
la divorciada	이혼녀
el ama de casa	주부
el movimiento de liberación femenina	여성해방운동
la feminista radical	급진적 여성운동가
el machismo	남성 우월주의
la revolución sexual	성(性)의 혁명
la discriminación	차별
el trabajo remunerado	유급 노동
el trabajo no remunerado	무보수 노동
la liberación sexual	성의 해방

Los quehaceres domésticos

el trabajo doméstico	집안 일
el cuidado de los hijos	자녀 양육
la limpieza de la casa	집안 청소
la compra de víveres	시장 보기
la preparación de alimentos	식사 준비

el planchado	다리미질
el lavado de vajillas	설거지

Los derechos

el sufragio femenino	여성 참정권
el sufragio universal	보통 선거권
la legitimación	합법화
la desigualdad	불평등
la igualdad	평등
la sociedad civil	시민사회
los derechos humanos	인권
los derechos naturales	자연권
el derecho de igualdad	평등권
la equiparación, la igualdad, la paridad	동등함
la equiparación jurídica	법적 평등권
el derecho a voto	투표권
el derecho a la propiedad privada	사유재산권
la condición humana	인간조건
la dignidad	존엄성
el derecho	권한
la igualdad de oportunidades	기회의 평등
la igualdad de derechos	권리의 평등
el derecho a la vida	생존권
la vida digna	인간다운 삶
el aborto	낙태

Otras expresiones

contraer matrimonio	결혼하다
divorciarse	이혼하다
ser un don juan	바람둥이다
desperdiciar	낭비하다
la novedad	새로움
aventuras amorosas	연애담
el faldero	바람둥이
el conquistador	여자를 잘 호리는 남자
el mundo profesional	전문직 업계
el ingreso	수입
la clase social	사회계층
la raza	인종
el género	성
el origen étnico	인종집단
la nacionalidad	국적
la ideología política	정치적 이념
el relativismo cultural	문화상대주의
el salario	급료
las instituciones	제도
el movimiento feminista	페미니즘 운동
el poder económico	경제력
las reivindicaciones	(강력한) 요구사항
la píldora anticonceptiva	피임약
la feminidad	여성성
la masculinidad	남성성
la diversidad sexual	성의 다양성
la sociedad patriarcal	가부장적 사회
la violencia doméstica	가정내 폭력

la natalidad	출산율
la fecundidad	출산력
la clase obrera	노동자 계급
la mentalidad femenina	여성의 사고방식
la maternidad	모성
la etnicidad	민족성
la discriminación de sexos	성차별
la desigualdad de salarios	소득의 불평등
la guardería	보육원
el uxoricidio	(남편의) 아내 살해
el parricidio	존속 살인
el paternalismo	가부장주의

응용 표현

1 El movimiento de liberación femenina dice que muchos hombres consideran a la mujer como objeto, y da como ejemplo la explotación de la belleza femenina en la publicidad, en las revistas musicales, etc.

2 El divorcio existe en casi todos los países. En algunos, la ley no reconoce la existencia del divorcio.

3 Los dos cónyuges no pueden volver a casarse, mientras que en los países donde existe el divorcio, el divorciado y la divorciada pueden contraer matrimonio otra vez.

4 La entrada de la mujer en el mundo profesional es relativamente reciente, y su novedad se refleja en el vocabulario: la abogada, la médica y la arquitecta.

5 Durante muchos años se consideró que la única función de una mujer en la vida era ser una buena ama de casa.

6 Los derechos humanos son aquellas libertades, facultades, instituciones o reivindicaciones relativas a bienes primarios o básicos que incluyen a toda persona, por el simple hecho de su condición humana, para la garantía de una vida digna.

7 Generalmente se considera que los derechos humanos tienen su raíz en la cultura occidental moderna, en relación con su origen cultural. Existen también quienes consideran que Occidente no ha creado la idea ni el concepto de derechos humanos.

8 Además de las luchas obreras, a lo largo de la edad contemporánea los movimientos por el sufragio femenino consiguieron para muchas mujeres el derecho de voto.

9 Uno de los teóricos de los derechos humanos más relevantes e influyentes fue John Locke, que elevó la defensa de los derechos naturales a la categoría de principio fundamental de legitimación del gobierno y fin básico de la sociedad civil.

10 Una de las principales fuentes de la desigualdad es la discriminación. Según Cesar Rodríguez, en su texto titulado Derecho a la igualdad, "los ingresos, la clase social y la raza, y factores tales como el género, el origen étnico, la nacionalidad, la filiación religiosa o la ideología política" dan lugar a las formas de discriminación.

문형 연습

1. ~을 알다 (사람, 장소) / ~을 알다 (사실) / ~을 할 줄 알다

conocer / saber / saber + 동사원형

1) 엘레나는 어제 처음 만난 내 사촌동생의 이름을 기억하지 못한다.

2) 로뻬스 씨 부부는 아직 한국에 가보지 않았다.

3) 우리 가족은 겨울마다 스키를 타러 갔지만 나는 아직도 스키를 탈 줄 모른다.

2. 직접목적격 대명사

1) 내 사촌 여동생은 생일파티에 자기를 아는 모든 친구를 초대했다.

2) 우리 아이들은 아버지를 존경하고 무척 사랑한다.

3) 집안일을 도와 줄 아주머니를 구하려고 했지만, 결국 구하지 못했다.

3. ~하러 오다 / 가다 / 나가다

venir (ir / salir) a ~

1) 괜찮으시다면, 할머니께 뭘 좀 상의 드리러 왔습니다.

2) 우리가 식탁에 앉아있는 동안 너는 친구와 함께 테니스 치러 나갔지.

3) 삼촌은 젊었을 때 돈을 벌기 위해 혼자 서울로 가셨다.

4. ~에게 잘 맞다 (맞지 않다)

(no) le cae bien / (no) le sienta bien / (no) le gusta

1) 우리 사위는 중국 음식을 좋아한다.

2) 그 집 며느리는 시어머니와 잘 맞지 않았다.

3) 내 남편은 고기를 싫어하는 게 아니라, 고기가 들어간 국을 싫어한다.

5. 신체일부, 의복 앞의 관사

1) 겨울에 할아버지는 모자를 쓰고 다니신다.

2) 나는 화장실에 가서 장갑을 벗고 손을 씻었다.

3) 조선 시대 사람들은 갓을 쓰고 다녔다.

연습문제

1. 오늘날 많은 국가에서 법으로 성차별을 금하고 있지만 실제로는 잘 지켜지고 있지 않는 것 같다.
   discriminación sexual, prácticamente

2. 너는 남성이 여성보다 우월하다고 생각하니? 네 아내가 밖에서 생계를 유지하기 위해서 일한다면 너는 집에서 아이들을 돌볼 수 있겠니?
   mantenerse, cuidar a los niños

3. 평등권은 인종, 종교, 성, 성적 지향, 정치적 신념 등으로 인해 차별을 받지 않을 권리이다. 이를 위해서는 차별의 뿌리가 되는 편견이 극복되어야 한다.
   superar, derecho de igualdad

4. 미국에서는 옛날에 흑인들이 거주이전의 자유, 직업선택의 자유와 교통수단이용의 권리 등 기본적인 자유와 권리를 존중받지 못했다.
   libertad de residencia y movimiento

5. 생존권은 사람이 사람답게 살 수 있는 권리이다. 소수가 부를 독식하고, 대부분의 사람이 기본적인 의식주 생활을 누리지 못하는 잘못된 현실은 타개되어야 한다.
   monopolizar, derecho a la vida, subsistencia

6. 앰네스티의 본래 목적은 단순히 세계 도처의 인권 탄압에 관해 통계자료를 제시하는 것이 아니라 더 나은 미래를 위해 대중의 의견을 반영할 수 있도록 압력을 행사하는 것이다.
   supresión de derechos humanos, reflejar en

7. 1949년 12월 3일, 유엔총회에서 창설된 UNHCR(유엔난민기구)는 난민을 보호하고 난민 문제를 해결하기 위해 국제적인 조치를 주도하고 조정할 권한을 부여받았다.
   UNHCR(Alto Comisionado de las Naciones Unidas para los Refugiados)

8. 우리 인간이 평등하다는 뜻은 우리가 다 같은 인간이기 때문에, 우리 사이에 그 어떤 차별도 없어야 한다는 의미이다. 물론 세상에 존재하는 인류는 종족적인 면에서 차이가 있다.
   ser iguales, sin duda

9. 산업혁명 이후 고도로 발달한 기계문명의 자본주의체제 하에서는 사람이 일을 하려고 아무리 발버둥을 쳐도 일거리가 없기 때문에 일을 못하는 경우가 있다.
   luchar por, bajo sistema capitalista

10. 1968년의 세계적인 68혁명의 성과로 여성과 학생, 아이, 소수자, 이주민 등이 비로소 인권의 주체로 부각되었다. 남성 중심주의가 지배한 역사는 이때부터 본격적으로 사그라지기 시작한다.

destacarse, por primera vez, a toda escala

La economía 19과

제19과 La economía

필수 어휘

Microeconomía

el comportamiento económico	경제동향
el consumidor	소비자
la oferta	오퍼
la demanda	수요
la empresa	기업
el trabajador	근로자
los bienes	재화
los precios	물가
el mercado	시장
los agentes económicos	경제주체
el productor	생산자
los activos financieros	금융자산
la utilidad (el beneficio)	이익
el coste	비용
el monopolio	독점
la competencia perfecta	완전경쟁
el oligopolio	과점
la producción	생산
las materias primas	원자재
los productos intermedios	중간상품
el capital	자본
los insumos	투입, 투자
los ingresos	수입
la economía de escala	규모의 경제

Macroeconomía

el déficit público	공공적자
el endeudamiento	채무
los mercados financieros	금융시장
el mercado laboral	노동시장
los préstamos netos	순대출
los dividendos	배당금
los intereses	이익
la importación	수입
la exportación	수출

Estados Financieros

Estado de situación patrimonial	자산상태
el activo (circulante, fijo)	(유동, 고정) 자본
el deudor	채무자
el inventario	재고
la depreciación	감가상각
el pasivo	채무
el proveedor	공급자
el acreedor	채권자
el capital contable	주주자본
la reserva legal	법정준비금
el ejercicio, el año fiscal	회계연도
el patrimonio neto	순자산
la liquidez	유동성
el activo	자산
el activo corriente	유동자산
las cuentas por cobrar	외상 매출금

las retenciones	원천징수
los productos terminados	완제품
el producto en proceso	공정중인 제품
el material de empaque	포장재료
el repuesto y el accesorio	스페어와 부속품
la importación en tránsito	수송중인 수입품
el pasivo corriente	유동채무
la carta de crédito	신용장
la emisión de obligaciones	채권발행
los intereses por pagar	지불할 이자
el capital social	회사자본
la reserva facultativa	임의준비금
la reserva de capital	자본준비금
el estado de resultados	손익계산서
la ganancia	이익
la pérdida	손실
el descuento	할인
la bonificación	보너스
el costo de los bienes	재화비용
el gasto de venta	판매비
el impuesto a las ganancias	수익세
la utilidad de ejercicio	회기이익
el estado de flujo de efectivo	현금흐름
el efectivo	현금
la inversión	투자
el financiamiento	자금조달
la inversión a corto plazo	단기투자
los fondos	기금

Bolsa de Valores

el mercado de capitales	자본시장
el demandante de capital	자본청구자
el oferente de capital	자본제공자
el ahorrador	저축인
el inversionista	투자자
el intermediario	중개인
las acciones	주식
el accionista	주주
los tenedores de títulos	주권소유자
la asamblea general ordinaria (extraordinaria) de accionistas	정기(임시) 주주총회

Economía de un país

la economía emergente	신흥경제
el sector agrícola	농업분야
el sector ganadero	가축분야
el petróleo	석유
el petróleo crudo	원유
el gas natural	천연가스
los productos petroquímicos	석유화학제품
el yacimiento	광상, 광맥
el oleoducto	송유관
el gasoducto	가스관
la minería	광업
la plataforma submarina	수중플랫폼
la producción forestal y maderera	산림과 목재 생산
la pesca	수산업

la industria manufacturera	제조업
la construcción	건축
la industria de los automotores	자동차산업
el sector siderúrgico	철강분야
el sector textil	섬유분야
el sector calzado	신발
el sector alimentario	식료품
el sector químico	화학
el sector papelero	제지
el sector maderero	목재
el sector cementero	시멘트
el canje de la deuda	부채 스와프
la moneda	화폐
PIB (nominal)	국내총생산 (명목)
PIB per cápita	1인당 GDP
PIB por sectores	분야별 GDP
la tasa de cambio	환율
el coeficiente de Gini	지니계수
la fuerza laboral	노동인구
el desempleo	실업
los productos exportados	수출상품
el destino de las exportaciones	수출 대상국(지)
el origen de las importaciones	수입 대상국(지)
la deuda externa (pública y privada)	대외 (공공과 민간) 부채
las reservas internacionales	국제준비금
la paridad de poder adquisitivo	구매력평가
el Índice de Precios al Consumidor	소비자물가지수

Otras expresiones

el empleo	고용
la solvencia	지불능력
el saldo	잔고
la sociedad anónima	주식회사
el país importador	수입국
el país exportador	수출국
los bonos	채권

응용표현

1 La microeconomía es una parte de la economía que estudia el comportamiento económico de agentes individuales, como son los consumidores, las empresas, los trabajadores e inversores; así como de los mercados. Los elementos básicos en los que se centra el análisis microeconómico son los bienes, los precios, los mercados y los agentes económicos.

2 La macroeconomía es la parte de la economía encargada del estudio global de la economía en términos del monto total de bienes y servicios producidos, el total de los ingresos, el nivel de empleo, de recursos productivos, y el comportamiento general de los precios.

3 Los estados financieros, también denominados estados contables, son informes que utilizan las instituciones para reportar la situación económica y financiera y los cambios que experimenta la misma a una fecha o en un período determinado.

4 Según la estadística de transmisiones de derechos de la propiedad publicada por el Instituto Nacional de Estadística, el dato de noviembre de 2010 continúa la tendencia bajista de la venta de viviendas que se inició en septiembre del año pasado, y que rompió con ocho meses consecutivos de aumentos.

5 El dinamismo de los países emergentes y la depreciación del dólar se han trasladado a la esfera de las materias primas en forma de fuerte repunte en sus precios y, en particular en los últimos meses del año. Así, el barril de crudo cotiza actualmente en la frontera de los 93 dólares por unidad, lo que lo sitúa en máximos desde finales de 2008.

6 En un mundo en el que la población aumenta y la desertificación también, los alimentos se tornan cada vez más un recurso escaso, pese a que la modificación genética de las semillas y otras tecnologías han elevado la producción, aun a costa de la deforestación de bosques.

7 La decisión de la agencia de calificación se debe sobre todo al fracaso europeo para dar una respuesta eficaz a la crisis del euro. Sus analistas creen que los acuerdos de la cumbre del 9 de diciembre pasado no han dado resultados y alertan sobre la crisis política, financiera y monetaria de la zona euro. Pero, además, la agencia toma en cuenta las pobres perspectivas de crecimiento de los países de la moneda única, que se encuentran al borde de una recesión.

8 Los principales responsables del buen comportamiento económico del país fueron la fortaleza de las exportaciones y el notable repunte de la demanda interna.

9 En el mundo desarrollado se pasará de un crecimiento del 2,8% en 2010, al 2,4% en 2011 y al 2,7% en 2012, según las previsiones que acaba de publicar el organismo con sede en Washington, que concentra su informe en las economías emergentes y más pobres del planeta.

10 Se trata del primer paso efectivo hacia el Gobierno económico de la Unión Europea. A partir de ahora, todos los años, el Ejecutivo Comunitario presentará una evaluación de la situación económica y de los principales desafíos que la Unión debe afrontar así como "sus recomendaciones a los Estados miembros". En la propuesta de hoy se incluyen propuestas relativas al empleo y a la reforma de las pensiones.

문형연습

1. ~에 집중하다 (되다)

centrar(se) en

1) 올해 정부의 경제정책은 고용창출에 집중된다.

2) 중남미의 경제학자들은 인플레를 억제하는 데 노력을 집중했다.

3. 다음 단계는 관광산업을 활성화하는 데 집중이 되어야 한다.

2. ~ 하려고 노력하다

tratar de + infinitivo

1) 그는 그 보고서를 통해 신흥경제에 대해 설명하려고 노력했다.

2) 경제부 장관은 근로자들의 구매력을 유지시켜 주기 위해 노력하고 있다.

3) 국가는 공기업을 건전화하고, 국가의 경제력에 비해 높은 군사비를 줄이려고 노력할 것이다.

3. ~와 관련된

relativo a

1) 경제동향과 관련된 지수들은 희망적이다.

2) 소비 관련 물가지수는 1퍼센트 하락했다.

3) 중고차 매매 관련 사업이 활발하게 이루어지고 있다.

4. ~을 돌보다

atender a

1) 노동부는 실업자들을 돕기 위해 고용정책 기금을 신설한다.

2) 주택부는 집이 없는 사람들을 돕기 위해 예산을 증액할 것이다.

3) 정부는 중산층을 위해 물가를 억제하고 있다.

5. ~ 이상이다

superior a

1) 세계은행은 올해의 세계 PIB 성장률이 3.3% 이상일 거라고 예측했다.

2) 현 정부는 국내총생산의 1.5%가 넘는 적자를 물려받았다.

3) 이 숫자는 2011년보다 약간 높고, 20년 만에 가장 낮은 수치다.

연습문제

1. 세계은행은 선진경제에도 불구하고 대공황 동안에 잃어버린 수천 개의 일자리를 쉽게 회복할 수는 없을 것이라고 내다봤다.

   la economía avanzada, la gran depresión

2. 재무부 장관은 유럽 지역의 국가채무 위기, 주요국의 경제 부진 및 국제금융시장의 불안 가속 등으로 세계 경제 성장이 둔화될 것이라고 말했다.

   la deuda soberana, aceleración, desacelerar(se)

3. 식료품 가격이 계속해서 오르자, 세계식량농업기구(FAO)는 지난주에 2008년의 식량 위기가 재연될 수 있다고 경고했다.

   los precios de los alimentos, la crisis alimentaria

4. 그 국가의 광산부 차관은 2012년 제1 사분기에 2건의 계약이 체결될 것인 바, 이는 10억 달러에 가까운 투자를 의미한다고 말했다.

   el viceministro de minas, suscribir(se)

5. 한국정부는 인구 고령화와 유능한 근로자들의 부족 때문에 한국노동시장이 겪고 있는 문제를 경고했다.

   el envejecimiento de la población, el mercado laboral

6. 유럽연합이 경제적인 어려움을 겪고 있는 회원국들에게 요구하는 심도 높은 구조개혁은 노조에 불만을 고조시키고 있다.

   la reforma estructural, el sindicato

7. 실업, 민간부채, 주택 문제, 금융시스템 상의 긴장이 계속해서 세계경제의 회복에 걸림돌이 되고 있다.

   la deuda privada, el sistema financiero

8. 미 달러화가 평가절하된다는 것은 상대국의 통화가 평가절상되고 국제수지가 악화되는 것을 의미한다.

la devaluación, la revaluación, la balanza de pagos internacionales

9. 각국은 물가 상승을 억제하기 위해 금리 인상을 단행하고 있지만, 통화정책만으로 식료품 가격 상승을 억제하기는 어렵다.

la tasa de interés, la política monetaria

10. 한국은행 총재는 기준금리 인상을 결정한 직후에 가진 기자간담회에서 물가상승 압력을 관리하는 것이 필요하다고 판단해 기준금리를 올렸다고 밝혔다.

la tasa base, la conferencia de prensa, la subida de precios

La vida rural 20과

제20과 La vida rural

필수어휘

El campo

el fertilizante	비료
el abono químico	화학비료
la irrigación	관개
la cosecha	수확(물)
la siembra	파종
la sembradora	파종기
la granja	목장, 농장
la labranza	농사
el granero	곳간
el pasto	목초
la cerca	울타리
la agronomía	농경학
la agricultura	농업
el (la) agricultor(a)	농부
la ganadería	축산업
el ganado	가축
el corral	가축 우리, 축사
el (la) campesino(a)	시골사람, 농민
el pesticida	농약
el insecticida	살충제
el fungicida	살균제
la producción del trigo	밀 생산
la semilla	종자

el espacio rural	전원
la finca	농장
los granos	곡물
la cría de animales de granja	축산업
los alimentos transgénicos	유전자변형식품
la temporada de crecimiento	(식물의) 성장 시기

Los animales

el gallo	수탉
la gallina	암탉
el pollito	병아리
la cabra	염소
la oveja	양
el cordero	어린양
la vaca	암소
la vaca lechera	젖소
el (la) ternero(a)	송아지
el toro	황소
el cerdo, el cochino	돼지
el cochinillo	새끼돼지

Las herramientas y maquinaria

el carro	수레
la pala	삽
la azada	괭이
la horca	쇠스랑
el tractor	트랙터

la cosechadora	콤바인
el silo	가축 사료 저장고
la bomba de agua	양수기
la maquinaria agrícola	농기구
el espantapájaros	허수아비

La tecnología

la mecanización	기계화
la ingeniería agrícola	농업공학
la biotecnología	생물공학
la tecnificación	기술화
la agricultura orgánica	유기농법
el sistema de irrigación	관개 시설
la domesticación	가축화

Otras expresiones

las zonas pesqueras	어업수역
las especies hidrobiológicas	수생생물 종
el turismo rural	농촌관광
la explotación de los recursos	자원개발
la revolución verde	녹색혁명
el bosque tropical	열대삼림
la diversidad de especies	종의 다양성
el trabajo manual	수작업
la plaga, la epidemia	역병
los alimentos orgánicos	유기농식품
la fertilidad de la tierra	토양의 비옥도

la ideología ambientalista	친환경 이념
la depredación	남획, 포식
la temporada de cosecha	수확 시기

응용표현

1 Al hablar del paisaje rural, destaca el hecho de que éste no sea uniforme, distinguiendo tradicionalmente en Europa, campos cerrados y campos abiertos, con variantes intermedias, fruto de condicionamientos no sólo naturales sino, sobre todo, jurídicos e históricos.

2 La economía agrícola aplicó originalmente los principios de economía a la agricultura y la ganadería; se trata de una disciplina conocida como "Agronómica".

3 El turismo rural genera un conjunto de relaciones humanas resultantes de la visita de turistas a comunidades campesinas; aprovechando y disfrutando el ambiente, los valores naturales, culturales y socio-productivos.

4 Todas las actividades económicas que abarca la agricultura tienen su fundamento en la explotación de los recursos que la tierra origina, favorecida por la acción del hombre.

5 El uso de abonos químicos, la mecanización y los estudios científicos de la ingeniería agrícola transformaron la agricultura en una actividad similar a la industrial.

6 La revolución verde de la segunda mitad del siglo XX significó un salto cualitativo en la tecnificación de la agricultura en todo el mundo, que a finales de siglo XX experimentó un nuevo impulso con la biotecnología.

7 El cambio climático y la agricultura son procesos relacionados entre sí que se dan a escala mundial. Se prevé que el calentamiento global tenga un impacto significativo que afectará a la agricultura.

8 Producto de la potencial depredación de las zonas pesqueras del mundo, el ser humano impuso leyes, reglas y límites a la actividad pesquera para proteger las especies hidrobiológicas y evitar así su total desaparición.

9 Es motivo de preocupación mundial el deterioro rápido o destrucción completa de muchas áreas del bosque tropical, caracterizado por su gran diversidad de especies y complejidad ambiental.

10 Los campesinos deciden cuándo deben sembrar la tierra tanto por el calendario como por los factores del tiempo.

문형연습

1. 아주 ~해서 ~하다.

tan ~ que ~

1) 요즈음은 수확 철이라 나는 아주 바빠서 결석을 해야 했다.

2) 까르멘은 팔이 몹시 아파서 농사일을 도울 수 없다.

3) 집 앞에 있는 백년 된 떡갈나무는 아주 커서 온 동네 사람들에게 시원한 그늘을 만들어준다.

2. ~하기에는 너무 ~하다.

demasiado(a) ~ para ~

1) 새 트랙터를 사기에는 우리 집이 너무 가난하다.

2) 매일 목욕을 하기에는 우리 동네에 물이 너무 부족하다.

3) 우리는 어젯밤 포도주를 너무 많이 마시는 바람에 아침에 일찍 일하러 나갈 수 없었다.

3. 앞으로 더 ~ 할 것이다.

(desde ahora / de aquí) en adelante ~ más ~ (cada vez más)

1) 앞으로 수확량이 점점 더 줄어들 것이다.

2) 과다한 농약 사용 때문에 앞으로 토양이 더 오염될 것이다.

3) 다양한 전염병들 때문에 더 많은 축산업자들이 피해를 입을 것이다.

4. 아주 ~ 한 것

lo + 형용사 + que + ser

1) 당신은 그의 딸들이 얼마나 부지런한지 모르십니다.

2) 도시 사람들은 농부들이 수확을 할 때까지 그들의 일이 얼마나 어려운지 상상하지 못한다.

3) 이웃 사람들은 우리 목장의 소가 최상의 품질이라는 것을 드디어 인정했다.

5. 앞으로, 우리 앞에

en adelante / por adelante

1) 농촌에서 생산성 증대는 앞으로의 커다란 과제이다.

2) 앞으로는 시골에서 살고 싶어 하는 사람들이 더 늘어날 것이다.

3) 우리 앞에는 많은 과제가 있지만, 그 중에서 식량 문제가 제일 중요하다.

연습문제

1. 사람들은 도시에서보다 시골에서 진정으로 자유로움과 인간적인 면을 느낀다. 그러나 시골의 젊은이들이 도시로 빠져 나가면서 많은 문제가 생겼다.
   originar problemas

2. 숲의 보전에 악영향을 미치는 요소로는 산불, 산성비, 벌채, 외래종의 침입 등이 있다. 이 외에도 병충해, 가뭄 등으로 인해 숲이 줄어들고 있다.
   influir negativamente

3. 미국산 소고기가 수입되자 우리나라 한우 산업이 다 망한다고 했다. 그 대처방안으로 품질향상을 추진했다. 요즘은 비싸도 품질만 좋으면 사람들이 많이 산다.
   tomar medidas oportunas, mejoramiento de calidad

4. 생산지 공판장은 생산자가 수산물의 판매를 맡기면 생선의 신선도, 수량 등을 판단하여 가격을 결정하고, 대량 판매처를 정합니다.

mercado conjunto, frescura

5. 우리나라는 삼면이 바다로 되어 있고 동·서·남해안의 바다 특성(수온 및 지형 등)이 다르기 때문에 각 해역에서 주로 양식되는 품종 또한 다르다.

cultivar

6. 비닐하우스 경작은 계절과 상관없이 사시사철 다양한 채소와 과일을 먹을 수 있게 해주었다. 농부들은 꽃이 피고 열매가 맺힐 때까지 끊임없이 불과 거름, 습도, 온도 등을 조절해 줘야 한다.

sin depender de, florecer, dar frutos

7. 꼴롬비아 경제의 가장 중요한 농산물은 커피이다. 꼴롬비아 커피는 최상의 품질을 자랑하고 그 생산량은 세계 3위다. 또한 커피 이외에 설탕과 면화 같은 농산물도 수출하고 있다.

ostentar

8. 요즘 친환경 농업으로 환경오염을 줄이고, 건강하고 안전한 먹을거리를 공급하려고 한다. 그러나 일반 농산물을 친환경 농산물로 허위 또는 둔갑 표시하는 것을 방지해야 한다.

proporcionar, ecológicamente sano

9. 벼와 밀은 재배 조건이 다르기 때문에 분포 지역에 차이가 날 수 밖에 없다. 벼를 재배하기 위해서는 성장기의 고온다우, 평탄한 지형, 풍부한 노동력, 발달된 수리관개시설이 필요하다.

diferenciarse en, período de desarrollo, alta temperatura y mucha lluvia

10. 요즘 농촌은 농사지을 일손이 부족하고, 노는 땅이 늘어나고, 못 쓰게 된 비닐, 다 쓴 농약병이 곳곳에 흩어져 농토가 오염되고 있다.

estar dispersos por doquier/por todas partes

¡스페인어 쓰자! 중급작문

초판 1쇄 발행 2012년 3월 20일
초판 2쇄 발행 2013년 7월 12일
초판 3쇄 발행 2019년 1월 15일

지은이 한국외국어대학교 스페인어과
정경원, 변선희, 김승기, 조구호, 나송주
발행인 김인철
총괄 · 기획 가정준 Director, University Knowledge Press
편집장 신선호 Executive Knowledge Contents Creator
도서편집 박현정 Contents Creator
전자책편집 인은주 e-Contents Creator
재무관리 강현주 Managing Creator
사전 · 출판 정준희 Contents Creator
마케팅 파트장 백승이 Chief Marketing Creator
마케팅 이현진 Marketing Creator
발행처 한국외국어대학교 지식출판콘텐츠원
02450 서울특별시 동대문구 이문로 107
전화 02)2173-2493~7
FAX 02)2173-3363
홈페이지 http://press.hufs.ac.kr
전자우편 press@hufs.ac.kr
출판등록 제6-6호(1969. 4. 30)
디자인 · 편집 디자인 퍼브 02)2254-4308
인쇄 · 제본 K프린텍 02)6713-8790

ISBN 978-89-7464-726-1 13770 정가 14,000원

* 잘못된 책은 교환하여 드립니다.

HUINE 은 한국외국어대학교 지식출판콘텐츠원의 어학도서, 사회과학도서, 지역학 도서 Sub Brand이다. 한국외대의 영문명인 HUFS, 현명한 국제전문가 양성(International+Intelligent)의 의미를 담고 있으며, 휴인(携引)의 뜻인 '이끌다, 끌고 나가다'라는 의미처럼 출판계를 이끄는 리더로서, 혁신의 이미지를 담고 있다.

¡스페인어
쓰자!
중급작문